JN094714

高校調べ

総合学科高校

中学生のキミと学校調べ

小杉眞紀・山田幸彦・吉田真奈 著

全国中学校進路指導・キャリア教育連絡協議会推薦

ぺりかん社

はじめに

　この本を手に取ったみなさんは、たぶん「どんな高校へ行くのがいいんだろう」と、悩んでいる人が多いのではないでしょうか。

　みなさんは、何を基準に高校を決めますか？　成績？　家から通いやすいところ？　それとも、友だちが行くから？

　もちろん、成績が大きな比重を占めているかもしれません。毎日の通学時間を考えたら、家から通いやすいというのも大事なポイントでしょう。でも、いちばん大事なことは、将来どんな自分になりたいか、ということではないでしょうか。

　得意な科目は、なんですか？　どんなことに興味がありますか？　10年後、15年後の自分を想像してみてください。「仕事と私生活は別。仕事は、生活のため」という考え方もあるでしょう。しかし、一日の多くの時間を仕事に費やすことになるとしたら、得意なこと、好きなことを仕事にできれば、人生が豊かになると思いませんか。

　また、昨今コンピュータの技術が著しく向上しました。20～30年後には、多くの仕事が自動化されて、人間が実際に行う仕事は少なくなっていくといわれています。そのなかで残る仕事は、介

護や福祉といった人間がもつ細やかな感情やコミュニケーションを必要とする仕事や、コンピュータに何をさせるか、させるためにはどうしたらよいかなどを考える仕事が中心になるかもしれません。

　そんなことも考えに入れて、自分の進路を、将来をもう一度、深く考えてみましょう。

　本書で紹介する総合学科は、「学び方を学ぶ」場所です。自分で課題を考え調べ、ほかの人からも意見を聞き、それをまとめて自分なりの意見を発表する……。どうやって課題を見つけていけばよいのか、どうやって調べていけばよいのか、どう人とコミュニケーションをとっていけばよいのか、その考え方を３年間かけて学びます。高校や大学で勉強した技術や知識ももちろん大切ですが、高校を卒業して社会に出ても、自分で学ぶ力や考える力、コミュニケーション力は、大きな武器になります。

　みなさんが将来を考えるとき、本書が少しでもお役に立てば幸いです。

高校調べ

総合学科高校 ——中学生のキミと学校調べ

● 本書に登場する方々の所属などは取材時のものです。

［装幀・本文デザイン・イラスト］熊アート　　［本文写真］取材先提供

1章

総合学科って
なんだろう？

総合学科ってどんなところ？

一人ひとりに合わせたカリキュラム

総合学科の特徴（とくちょう）って？

　みなさんは総合学科と聞いて、どんなイメージをもたれるでしょうか？　何を勉強するところか、ピンとこないという人も多いのではないかと思います。

　総合学科は、1993年に文部科学省（もんぶかがく）の中央教育審議会（しんぎかい）で提言されて、1994年に導入された学科です。みなさんも高校には、「普通科（ふつう）」と、商業科高校や工業科高校などの「専門学科」があるのはよく知っているかもしれません。

　1990年代は、いわゆる高校が「荒れた」時代でした。漫画（まんが）で見るような不良風の恰好（かっこう）をした生徒たちが窓ガラスを割ったりなどが本当に学校内で起きていたのです。中途（ちゅうと）退学者も多かったといいます。その理由として、ひとつの教室で一律に同じことを学ばせる、将来のことを深く考えさせないで、成績順に〇〇大学に行ったほうがいい、就職したほうがいいと、生徒に押（お）しつけていたのではないかなどという意見が多く出ました。教師が一方的に教えるだけ

の指導方法だと、生徒は教師の出す問題を解き、受験など
に必要なことを暗記するだけになりがちです。そうすると、
生徒のなかには勉強する意欲が湧かなくなったり、積極的
に物事に挑戦する気持ちが薄れる人も出てきてしまいます。

　そこで、もっと生徒の個性に合わせたカリキュラムや学
びを提供できないかと考えて創設されたのが総合学科です。
総合学科は、普通科、専門学科につぐ、第三の学科といわ
れています。現在は、私立より公立のほうが総合学科の数
が多くなっています。

　総合学科の大きな特徴のひとつは、生徒の個性を大切に
していることです。生徒は自由に科目を選ぶことができ、
体験学習などを通して、自身で主体的に学習します。そう
することで将来的にも大事な、自分で考えて知識や技術を
習得する「学びの方法」を身につけられるのです。

　二つ目の特徴は、３年間を通して将来の職業選択を、生
徒自身が調べ、深く考える時間が授業内にもあることです。

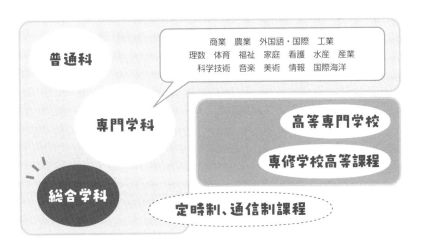

商業　農業　外国語・国際　工業
理数　体育　福祉　家庭　看護　水産　産業
科学技術　音楽　美術　情報　国際海洋

普通科

専門学科

高等専門学校

専修学校高等課程

総合学科

定時制、通信制課程

どんな 学 習 を するの？

自分で選べる系列、選べる科目

総合学科は単位制

　一般的な高校は「学年制」といって、１年という区切りの中で取るべき単位数が決まっています。たとえば、１年生のときに取らなければいけない単位を落としてしまうと、留年という形でもう一度１年生をしなければなりません。

　一方、総合学科高校は「単位制」です。単位制では、各科目に単位が設定されています。必修科目はその学年のうちに取らなければなりませんが、選択科目は、卒業までに科目ごとの単位数を履修していれば、留年せずに、卒業できます。つまり、ひとつの選択科目を２年生のときに履修してもいいし、３年生のときに履修してもよくなります。また、系列ごとの単位を満たしていれば、空き時間にほかの系列の授業を受けることもできます。高校は一般的に、３年間で74単位を修得しなければ卒業できません。週１時限50分で、年間35週間で１単位、週２時限なら２単位になります。

　また、小中学校では、成績が悪くても卒業できますが、高校では、基準に満たないと、単位が修得できず、卒業できません。

　総合学科の科目には、必ず学習しなければならない「必修科目」と、自分で選択する「選択科目」の2種類があります。たとえば中学でも習う論説や評論といった現代の国語、そして体育などの基礎的な授業は必修科目です。

「系列」を決めて科目を選ぶ

　選択科目を分類してわかりやすくしたものが「系列」。学校によっては、コースと呼んでいるところもあります。

A 総合高校の系列例
● 情報システム　● 国際ビジネス　● 自然科学
● 社会・経済　● 語学コミュニケーション　● 芸術・文化

B 総合高校の系列例
● 美術・デザイン　● スポーツ・健康　● 科学・技術
● 国際・コミュニケーション　● 生活・福祉

C 高校総合学科の系列例
● 暮らし　● ひと　● まち　● 自然

D 高校総合学科の系列例
● サイエンス・テクノロジー　● 文化・芸術
● メディア・ネットワーク　● 国際・ビジネス　● スポーツ・健康

系列を選択して受験する学校、入学してから系列を決める学校、２年生になってから系列を選択する学校など、系列を決める時期は地域や学校によってさまざまです。

　学校により系列は多種多様で、たとえば、「芸術」「情報科学」「スポーツ」「福祉」など、それぞれの分野の系列に分かれているのです。２年生からは必修科目の数が減って、その分選択科目が増えていきます。自分の系列に沿った科目を自分で選んでどの科目を履修するか考えます。

「美術・デザイン」系列の生徒であれば、デッサンやデザイン、陶芸など、美術に関係する選択授業を取ることが多くなるでしょう。「科学・技術」系列であれば、金属加工や、コンピュータを使った画像や映像の処理の授業を選ぶかもしれません。

　受験するさいは、同じ総合学科という名前でも、その学校にある系列やどんなことが学べる学校なのかを、よく調べることが必要です。ホームページなどを見ても、あまりくわしく書いていない学校もあるので、学校見学会・説明会に参加したり、高校の個別相談に行くなどしてみましょう。

　また、総合高校という名前であっても、総合学科がない場合や、反対に「総合」という文字が入っていなくても総合学科があることもあります。さらに、私立では、舞踊や機械工学、コンピュータグラフィックスなどの選択科目がたくさんある学校でも普通科ということもあります。もし、総合学科やそれに近い普通科を受けようと思ったら、自分でよく調べたり、中学校の先生に相談したりすることが大

切です。

　いくつかの総合学科高校を見ただけでも、その系列は多岐にわたります。

　はじめから総合学科として創設された学校もありますが、工業科高校など専門学科の高校が総合学科のある高校に生まれ変わったところも多くあります。もともとが工業科高校だった場合は、専門性の高い施設や機材などがそのまま活かされて校内のそこここで利用されています。そして、工業関係の系列が強い総合学科となっていたりします。

　また、高校は地域に深く根づいているので、「地域のことをより深く学ぶ」系列もあります。さらに、「健康」や「福祉」のこと、「環境」「国際的なコミュニケーション」などの系列のある学校が多いようです。

どんな 生徒 が 多い？

多種多様な得意や進路にも合う高校

男女の人数枠(わく)は特にない

　総合学科には、男女で分けられた人数枠がありません。内申書と入学試験の点数で合否が決まります。

　男女比でいうと、全国的には女子のほうが多いようです。「美術」系列のある総合学科高校では女子が多く、なかには女子が8割というところもあります。部活動が盛んなところも多く、スポーツ推薦(すいせん)で入学できる高校もあります。サッカー部強豪校(きょうごうこう)などでは男子の割合が少し多いことも。

　生徒の傾向(けいこう)でいえば「美術」系列に進む生徒は、デザイナーだったりイラストレーターだったり、美術に関連している職業をめざしたいとか、「科学・技術」系列を希望する生徒は、IT（情報技術）関連の仕事を志望しているなど、目的をもって高校に進学してきた生徒が多いです。そして、もともと自分の得意分野だったり好きだったりする科目を選択(せんたく)しているので、授業にも積極的にかかわろうとする姿があります。

　調査でも、授業に対する満足度も高いことが見て取れます。また、そうやって、ある程度方向性の定まっている生徒、言い方を変えれば総合学科高校がどういう高校かよく理解して入学してきた生徒は、入ってからの伸びや満足度が高いといいます。

ライフスタイルに合わせられる

　定時制高校というものを聞いたことがありますか？　定時制高校は単位制で、毎日登校する必要があり、授業時間は４時間程度と短い高校です。多くの定時制高校は、かつては昼間仕事をしている人のために、夕方から授業が始まりました。

　しかし現在は、定時制高校の中に、小・中学校で不登校を経験したり、何らかの事情で高校を中退したりした生徒が高校生活に再チャレンジするための学校ができています。３部制で、たとえば１部は８時30分から始まり、２部は12時55分から、３部は17時10分から始まるなど、自分のライフスタイルに合った登校時間帯を選ぶこともできます。

　総合学科も、単位制で系列別ということもあり、なかにはこうした定時制高校のようなスタイルの高校もあります。地域によっては「チャレンジスクール」と呼ばれています。内容もさまざまです。入学試験については、学校ごとに異なるので調べてみてください。定時制の場合、通常は卒業まで４年間必要ですが、単位制では授業を多く履修すれば３年間での卒業も可能です。

総合学科

ならではの学び

選択科目と「産業社会と人間」「探究の時間」

普通科との違い

　普通科高校では全部の授業のうち3分の1ほどしかない選択科目数が、総合学科では3分の2くらいあります。また、普通科だと選択科目も英語、数学、国語など進学に必要な科目であることが多いのですが、総合学科では商業やビジネス、福祉、芸術など、多岐にわたっています。授業での学び方のスタイルも、総合学科では、自分で調べ、考え、クラスメートや先生と話し合いながら、進めていきます。

　授業の多くが選択科目なので、科目によって生徒の数もまちまちですし、調理など専門性の高い授業では、高校教諭の資格ではなく調理師の資格をもった先生が授業をすることもあるので、普通科より先生の人数も多くなります。特定の科目だけを教える外部講師の数も多く、外部講師が30名ほどになる学校もあります。

　自分で選び、自分で学ぶ授業は、満足度や達成感、知識

の定着率も高いといわれています。

将来や生き方について深く考える

　系列別の選択科目のほか、総合学科ならではの授業が、
1年生で学ぶ「産業社会と人間」です。

　この授業は、学習指導要領で総合学科に定められた「学
校設定教科」です。そのため、総合学科に入学したら、必
ず受けることになります。

　「産業社会と人間」は、生徒一人ひとりが自分が将来就き
たい職業や生き方について深く考えるための授業です。毎
週2時限の授業がある総合学科高校が多いようです。

　授業の中では、どうやったら自分が就きたい職業に就け
るか、どんな進学先がよいかなどを考え、そのためには高

19

校生のあいだにどんな学習をすればいいのか、2年生になったらどんな科目を履修すればよいのか、履修計画やライフプランをそれぞれが作成していきます。

　実際のところ、高校1年生では、自分の適性がわからなかったり、なりたい職業などが決まっていない人も多いものです。そこで、大学や企業の人に来てもらって、具体的にどんな学習や仕事をしているかを講義してもらったり、職場や上級学校の見学に行ったりもします。

　また、ライフプランを作成するさいには、自分でも興味をもったり、進みたいと思う学校や仕事について、インターネットなどを使って調べていきます。履修計画やライフプランについて、担任の先生と何度も面談を重ねたり、ときにはよりくわしい専門の先生に話を聞いたりしながら、徐々に自分の方向性を決めていくのです。

　学校によっては、大学のゼミのように、近い進路の人同士で少人数のグループをつくって対話しながら進めるところもあります。学年の終わりには、それぞれのライフプランを発表し合う場を設けています。

　企業や大学の話を聞く機会なども用意されているので、早い段階から自分の進学先や将来を具体的にイメージすることができます。

「総合的な探究の時間」をさらに深化

　探究とは、ひと口に言うと「学び方を学ぶ」授業です。現在、普通科でも取り入れられるようになりましたが、

総合学科では四半世紀以上もの歴史があります。

　多くの場合、学校全体で大きなテーマを決めていて、そのなかから自分が興味関心のあることを見つけて学習していきます。調べたことなどをまとめ、やがて3年生の最後には発表会を行います。

　授業では、自分で学習する課題を見つけ、解決まで導こうとする能力や、課題解決に至る思考プロセス、つまり自分の課題をどう解決していけばよいのかという考え方を育んでいきます。そして、先生やクラスメートなどと対話をすることで、コミュニケーション能力も養われていきます。

　思考プロセスやコミュニケーション能力は、英語や数学のように、ひとつの正解があるものではありません。ひとつの正解を導き出す力は認知能力と呼ばれます。コミュニケーション能力など、正解がひとつではない、もしくは決まっていないことを解決していく力は非認知能力といいます。「総合的な探究の時間」では、この非認知能力を伸ばすことに重点が置かれています。高校の授業なので、1〜5までの評価はつきますが、できる・できないことよりも、考え方を理解しているかどうかなどが評価の基準になっています。

　この非認知能力を養うことが、よりよい進路を選び、豊かな人生を送ることにつながっていくのです。

2章

どんなことを
勉強するの？

総合学科高校は
こんなところ！

系列によって高校の施設もいろいろある総合学科。
校舎や教室、部活動などを見てみよう！

調理実習

廊下にピアノ

総合学科には「音楽」系列を選ぶ生徒がいる学校も。休み時間には練習曲が聞こえてくる。

「調理」系列のある高校には本格的なフランス料理の実習もある。

校舎

高校によっていろいろな雰囲気。ぜひ実際に見学に行ってみよう。

研究の発表

1年生の終わりにはライフプランの発表、3年生では総まとめとして、以前から卒業研究発表があるのが総合学科の特徴！

部活動

中学校にはなかった部活動もたくさんある！
なかには射撃部がある学校も。

制服

高校ならではの制服も。
これは生徒たちが投票で決めた制服「セーラーブレザー」。

グラウンド

「スポーツ」系列のある学校では、広大なグラウンドで国体が開かれることもある。

特殊な工具マシン

専門機械が充実している学校もある。

Ⓚ 国際学院高等学校　取材先提供
Ⓣ 東京都立つばさ総合　高等学校　編集部撮影
Ⓒ 千葉県立小金高等学校　編集部撮影

どんな 一日 を 過ごすの？

系列ごとに自分で時間割をつくる

総合学科生の一日

　基本的に、朝は 8 時30分ごろから始業します。学校によっては 9 時からというところも。授業は午前中に 4 時限、午後に 2 時限というところが多いです。所定の制服があるところも多いようです。このあたりは中学校とあまり変わりません。

　2 年生から選択科目が増えてくるので、授業によっては、指定された作業着なども用意します。昼食は、基本的にはお弁当を持参しますが、学校によっては、学食や購買部があります。「調理」系列のある学校では、授業の一環としてその系列の生徒が交代で昼食を作ることもあります。

　選択科目の場合は、美術や調理など、 2 時限とも同じ授業が続くことも。また、学校によっては、選択科目の選び方で 7 時限目まであることもあります。 3 年生になると、 2 年生までに単位をたくさん取っていた人のなかには、午前中だけで授業が終わる人、午後だけ授業がある人なども。

総合学科高校だからこそのおもしろさは、この選択科目を
自分で選んでいくことにあります。

　総合学科では、必修科目のあとに選択科目がある場合が
多く、たとえば、２時限目までが必修科目であれば、ホー
ムルームは、２時限目と３時限目のあいだにあることが多
いです。

部活動にも打ち込みたい！

　放課後は、部活動。必ず入部しなければいけない学校も
ありますが、多くの学校では入部するかどうかは自由で、
複数の部を兼部することもできます。自分で考えて行動す

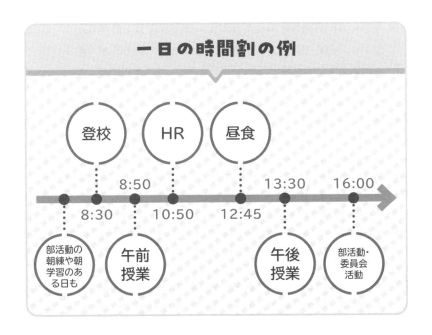

一日の時間割の例

登校　　HR　　昼食

8:50　　　　　　13:30　　16:00

8:30　　10:50　　12:45

部活動の
朝練や朝
学習のあ
る日も

午前
授業

午後
授業

部活動・
委員会
活動

る人の多い総合学科では、部活動に熱心な人も多く、盛り上がりを見せています。

　中学のときより、自分の意志で時間を考えてやりくりしていくことができ、こうした自由度が高いのも総合学科高校ならではです。

なぜ、授業に選択科目があるの？

　総合学科の授業は、系列別に分かれています。たとえば、「美術・デザイン」系列なら、素描とか、デザインの授業が選択できます。はじめから美術系の科目は、その系列の必修科目にすればよいのではないかと思うかもしれません。確かに、必修科目なら、時間をかけて選択科目を選ぶ必要もなく、どの科目を選ぶか悩むことはないかもしれません。しかし、あえて自分で科目を選ぶようにしているのが、総合学科です。生徒が自分で自分の将来を深く考え行動することこそが、総合学科で何よりも大事にしていることなのです。

　総合学科では、「産業社会と人間」で自分から主体的にキャリアについて深く考え、「学び方を学ぶ」探究の時間の授業で、さまざまなことを体験します。

　将来の仕事や生き方について調べたり考えたりして、先生と相談しながら、自分の進むべき道を自分で選んでいくという経験は、単にひとつの科目を選択するということだけではなく、これからの人生で壁にぶつかったときに、どうやって解決すればよいのか、そして物事を学んでいくと

きにはどうすればよいのかを知るきっかけとなります。

自分の方向性を絞って人生の選択肢を広げる

　また、たくさんある選択科目のなかから、自分の好きな科目、興味関心のある科目を履修することで、方向性のポイントが絞られていくこともあるかと思います。たとえば、高校入学時には、ぼんやりと美術系の仕事がしたいと思っている人が、素描や陶芸など美術系の選択科目を履修するうちに、自分にはコンピュータを使ったグラフィックデザインの仕事が向いていると考えるようになるかもしれません。

　好きな科目を選択できるといっても、ときには自分の選んだ科目が履修できないということも起こります。授業にはそれぞれ人数や設備などの枠があるからです。そのため、人気のある授業は、抽選や成績を考慮して履修できるかどうか決まる場合もあるのです。しかし、もし、２年生のときに自分の思っている授業が取れなくても、３年生のときに同じ授業が取れる可能性もあります。さらに、第２志望の選択科目を履修したら、新たな興味関心が湧いたり、実は第２志望の選択科目のほうが自分に向いていたりすることもあります。

　多岐にわたる科目から「どんな一日にしよう、どんな時間割にしよう」と自分で主体的に選択していくことで、やがては自身の進路や学びが深まっていくのです。そんな驚きや喜び、発見が得られるのも総合学科ならではです。

3年間で
どんな科目を学ぶの？

将来の進路のために勉強したい科目を選ぶ

地域や学校によって選択科目はさまざま

　選択科目は「総合選択・自由選択科目」と「各系列の特色ある科目」に分かれます。「総合選択・自由選択科目」は、系列や学校ごとの違いは、そう多くはありません。国語や英語、数学などの必修科目をさらに深めた内容の授業が多くなっています。たとえば、国語では、現代文であったり、文章での表現方法など言語文化の授業、英語では、英会話の英語コミュニケーションの授業などです。

　それに比べて、「各系列の特色ある科目」は、ほんとうに多彩です。同じ系列でも、学校が違えば、科目が違ってきます。

　多彩な系列が総合学科の特徴ですが、いちばん多いのは「人文」系列で4分の1ほど、つぎに「情報」系列、「福祉」系列、「自然」系列、「ビジネス」系列、「国際」系列、「芸術」系列と続いていきます。「情報」系列は年々増えていく傾向にあり、「スポーツ・健康」「生命や地球」に関す

〈「美術」系列の3年間の時間割の例〉

1年生

| 現代の国語 | 言語文化 | 公共 | 数学Ⅰ | 生物基礎 | 体育 | 保健 | 英語コミュニケーションⅠ | 家庭基礎 | 情報Ⅰ | 芸術選択 | 産業社会と人間 | 数学A | 素描基礎 | LHR |

必修 ／ 選択

2年生

| 歴史総合 | 科学と人間生活 | 体育 | 保健 | 総合的な探究の時間 | 地理総合 | 国語表現 | 英語コミュニケーションⅡ | 論理・表現Ⅰ | 素描 | 絵画 | ビジュアルデザイン | LHR |

必修 ／ 選択

3年生

| 地理探究 | 体育 | 総合的な探究の時間 | 英語コミュニケーションⅢ | 美術史 | 素描 | 絵画 | 映像表現 | 陶芸 | コンピュータグラフィックス | LHR |

必修 ／ 選択

〈「観光ビジネス」系列の3年間の時間割の例〉

1年生

| 現代の国語 | 言語文化 | 公共 | 数学Ⅰ | 科学と人間生活 | 体育 | 保健 | 美術Ⅰ | 英語コミュニケーションⅠ | 家庭基礎 | 情報Ⅰ | 産業社会と人間 | 数学A | LHR |

必修 ／ 選択

2年生

| 歴史総合 | 地理総合 | 化学基礎 | 体育 | 保健 | 総合的な探究の時間 | 国語表現 | 数学Ⅱ | 英語コミュニケーションⅡ | ビジネス基礎 | 観光ビジネス | LHR |

必修 ／ 選択

3年生

| 体育 | 総合的な学習の時間 | 古典探究 | 政治・経済 | 英語会話※学校設定科目 | 中国語 | 社会福祉基礎 | マーケティング | 商品開発と流通 | 国内観光資源 | LHR |

必修 ／ 選択

る系列も増えつつあります。

大学進学や情報処理、介護や福祉を進路に

「人文」系列は、いわゆる文系の大学に進む人の多い系列
です。従って、「各系列の特色ある科目」というよりは、
「総合選択・自由選択科目」が多いようです。「国際社会」
を意識してつくられている場合も多く、人文社会科学に関
する基礎的な知識や外国語によるコミュニケーションなど
を学ぶ系列です。

「情報」系列は、主にコンピュータを使ったデータを作成
したり処理を学ぶ系列です。「科学・技術」系列として、
工業や自然科学についても学べるようにしている学校もあ
ります。コンピュータに関する学習だけでも幅広く、情報
処理やコンピュータグラフィックス、3DCG、ネットワ
ークなど、さまざまな選択科目があります。工業では、工
業科高校のように旋盤を使って金属加工をするような科目
も選択できます。

「福祉」系列は、介護や保育などについて学べる系列です。
介護福祉や社会福祉などの選択科目があります。看護基礎
医学などを選択できる学校もあります。

「自然」系列は、主に自然科学の分野の系列です。数学や
物理などの選択科目が多くなるでしょう。

「ビジネス」系列は、簿記や会計、マーケティングなど商
業科高校に近い選択科目をベースに、コンピュータを使っ
たプログラミングや情報処理、流通に関すること、また商

品を企画したり、プレゼンテーション、マネジメントなどの科目があります。

地域や郷土への理解を深める系列もある

数は多くありませんが、「地域や郷土について学ぶ」系列や、「食物調理」の系列がある高校もあります。食物調理の系列がある高校では、調理実習のように実際に調理をする以外にも、食生活と健康、食品の安全性と衛生、食文化など、食物や調理に関する幅広い選択科目があります。

たとえば、「地域や郷土について学ぶ」系列では、学校のある地域のことを学ぶ場合もあるので、授業もその地域独自のものになります。また、「花と緑で環境を創る」系列など、独自の系列をもつ高校では、ガーデンデザインやフラワーデザインなどの授業があり、農業体験を通して幼稚園、小学校、中学校と交流したりもします。

総合学科では、先ほども述べた調理実習や農業体験のように、1時限の授業では終わらない実習系の科目があります。そういうときは、2～4時限がひとつの授業になることもあるし、週によって時間割が変わってくることもあります。

このように、系列そのものも各学校によって特色があり、選択科目も多彩です。住んでいる地域の総合学科高校を調べてみると、自分の興味関心に近い系列の学校が見つかるかもしれません。一度調べてみると、自分の将来を考える上でもプラスになるのではないでしょうか。

どんな 先生 が 教えてくれるの？

先生の人数が多いのも特徴

ほかの学科に比べて先生の数が多い

　文部科学省の基準では、一学年6学級の総合学科高校で、先生は普通科に比べて11人多く配属されることになっています。学校にもよりますが、総合学科の一学年の先生の数は9〜11人程度、普通科高校よりも多くなっているのです。

　それは、どうしてでしょうか。まず、いちばんにあげられるのが、選択科目が多いということです。選択科目は、同じ時間帯の授業で違う科目がいくつも行われています。同じクラスメートでも、Aさんが英語を取っている同じ時間に、Bさんは生物の授業を受けているといった具合です。また、英会話など、クラス単位の授業より、授業を受ける人数を少なくしたり、習熟度別に少人数で授業をしている場合もあります。

　それに加えて、総合学科の場合は、それぞれの系列によって、より専門の先生が授業を受けもっています。たとえ

ば、「調理」系列の場合、調理実習はプロの調理師が指導します。また、栄養学などは、栄養士が先生になります。ほかの系列でも、単にコンピュータの一般的（いっぱんてき）な使い方だけでなく、コンピュータグラフィックスなどの科目は、専門に特化した知識をもつ先生が教えてくれます。

きめの細かい面談を複数回

　また、総合学科には、一人ひとりの個性を大事にして、きめの細かい進路指導を行うという特徴（とくちょう）があります。生徒と先生の面談も、普通科（ふつうか）より回数が多いとされています。担任の先生との面談が一般的（いっぱんてき）ですが、もし生徒が専門的な分野に興味をもっていて、将来その分野の仕事に就きたいとなれば、担任の先生よりその分野にくわしい先生に話を聞くこともあるでしょう。さらに、一人ひとりの小論文をていねいに指導するなどということもあるので、普通科（ふつうか）より先生が多く配置されているのです。

　一学年6学級の普通科（ふつうか）高校では、先生の数が36人。総合学科だと、習熟度別の先生がプラス2人と、総合学科としてプラスされる先生が9〜11人、そのほかに養護や助手の先生がいるので、だいたい50人くらいの先生がいます。

外部から協力してくれる先生も

　総合学科にいる、先ほどの50人ほどの先生は、常勤の

先生ですが、ほかにも講師の先生がたくさんいます。講師は、その授業のときだけ教えに来る先生です。講師には、英語や国語などの教員免許をもっている先生と、「市民講師」といわれる、教員免許は取得していなくとも、より専門的な知識をもっている先生がいます。

特殊な種目や専門分野に習熟した先生

　たとえば、体育の先生といっても「スポーツ」系列のすべての種目を教えられるわけではありません。体育の先生は、もちろん体育全般のこと、保健のことなどの知識があります。しかし、特殊なスポーツになると、経験のないものもあるのです。野外スポーツの授業でカヌーがあればカヌーの乗り方や操り方に習熟した先生、ときにはスキーやスノーボードなど、ウインタースポーツにくわしい先生が教えてくれるというのも総合学科独自の特徴です。スポーツそのものだけではなく、けがをしたときのテーピングなども専門分野の知識が必要です。そんなときは、講師にお願いして、その科目を教えてもらうことになります。

　学校によっては、地元の企業の人が講師となって、会社経営やその業種の特徴や仕事の内容といった企業にかかわる話をしてくれることもあります。

多様な結びつきで出会う先生も

地域や学校ごとに違いはありますが、常勤の先生以外に30名ほどの講師や市民講師のいる学校もあります。

「日本の文化について学ぶ」系列では茶道や華道が授業に組み込まれていたり、「福祉」系列ではお年寄りや障害のある人の生活支援技術の演習、「国際」系列では英語だけでなく、中国語などの授業がある学校もあるので、思わぬ出会いがあるかもしれません。

さまざまな分野の専門の先生がいる総合学科では、生徒も多様な経験ができます。そのなかから、自分にいちばん適している仕事や生き方を探していきましょう。

将来の方向性を見つけられるよう支援するのが総合学科高校

編集部撮影（以下同）

東京都立つばさ総合高等学校
総合学科

平澤辰郎さん

日本史を教え、専門は日本文化史という平澤さん。3年生のクラス担任として進路相談や行事での生徒との交流も活発にこなす日々です。

総合学科は「やりたいことを見つけよう」がテーマ

　つばさ総合高等学校では、必修授業の日本史を受けもち、3年生のクラスの担任として「総合的な探究の時間」の授業も週に2時限担当しています。また、大学受験をする人向けの授業ですが、日本文化史という日本史の中の、特に文化史を扱う授業も担当しています。

　総合学科だからといって、日本史の授業そのものは普通科と大きく変わりはありません。

　総合学科と普通科高校のいちばんの違いは、そうした授業一つひとつの形というより、「やりたいことを見つけよう」がテーマになっていることです。普通科に比べてたくさんある選択科目から自分に合った時間割を作成したり、自分が興味をもったことを調べたりして取り組む時間が設けられていることだと思います。たとえば、1年生には「産業社会と人間」という授業があり、将来社会に出てどんなことがしたいかや、何ができるかを考えてみることが授業の目標になっています。また、2〜3年生の「総合的な探究の時間」は、自分が興味をもった事象について調べ、最後に自分なりにまとめて発表する授業です。

「やりたい」を支えることが大切

　学校の勉強というと、教えられたことを暗記してペーパーテストで回答するということを思い浮かべる人も多いかもしれません。しかし、総合学科高校はそうではありません。教師も、先生としてこうしなさいと教え諭すのではなく、生徒の「やりたい」を支えることが大切だと考えています。ですので、テーマ選びに悩む生徒へも、決してテーマを教師から与えることはせずに、その生徒の声を聞いて

引き出すことが必要になってきます。とはいえ、一人ひとりのテーマに寄りそうというのも、ほんとうに大変です。伝統工芸の衰退について調べたいと言っていたけれど、最終的に最初の話とはまったく違う看護について調べることになったり、SDGs（持続可能な開発目標）のプラスチックごみについて調べる人がいたりなど、生徒のテーマのもち方が実に多様です。調査をするのにアンケートが必要となったさいには、そうしたことにくわしい先生に相談して、ウェブ上のアンケートシステムを使って調査を行ったこともありました。そうした、テーマのもち方をはじめ、調査をどう進めるか、どう形にするかを、一人ひとりに合わせてサポートしていくなど、ほかの教師とも相談しながら、できるだけ生徒の興味関心に沿った探究ができるように努めています。大学のゼミなら、専門分野ごとの研究室に分かれていて、指導教官も専門を究めているでしょうが、そうではないので、教師もいろいろなアドバイスをするために準備する必要があります。

「捨てる」ための情報収集を

私が総合学科で教えるのは、つばさ総合高等学校で3校目です。1校目に赴任したのは、東京都立ではじめて総合

学科高校として設立された晴海総合高等学校でした。当時の校長先生に「頭を真っ白にしてきてください。今までのやり方ではなくて、新しい取り組みをしてほしい」と言われたのを今でも覚えています。二十数年前のことでしょうか。

　そのときに、「選ぶことは捨てることなんだよ」とも言われたことが印象に残っています。最終的にどういう進路を歩むにしろ、まず今自分にはどれだけの選択肢があるのかを知ることが大切です。その上で、何を選び取るかを考え、選択肢を捨てていく必要があります。たとえば、Ａの授業を取ると、同じ時間に開講されているＢの授業を選ぶことはできなくなります。「Ａの授業がおもしろそうだから選択する」でもいいのですが、Ｂの授業を選ばなかった

開放感のある正面玄関ピロティや廊下から見下ろす大階段

ときには何が得られなくなるかも、同時に考える必要があります。Ｂの授業には進学に必要な情報があるかもしれません。何を捨てていいのかを知るためにも、いろいろな情報を得る必要があるのです。

　つばさ総合高等学校には、たくさんの選択科目があります。生徒が、自分でいろいろある選択科目のなかから、自分の進路にとっていちばんいいと思うものを選び取っていく手助けをしていくことを大事にしています。

一人ひとりの気持ちを大切に

　ひと口に、「自由に決める」といっても、難しいことでしょう。総合学科に入ってくる生徒には、中学生のときから「これがやりたい！」というものがある人が多い印象があります。そうした生徒たちは、私たち教師が何も言わなくても、総合学科にたくさん用意されている選択科目から、受けてみたい授業を迷いなく選んでいく姿が見られます。

　一方で、特に「これがやりたい」というものがない子もいます。そういう生徒から「まわりはどんどん進路を決められるのに、私は……」という悩みを聞くこともめずらしくありません。

　でも、それはそれでいいと思います。いろいろ興味はあるけれど、高校進学の段階でひとつに決めてしまうには少し早すぎると感じる人や、何になりたいかわからない人は、総合学科でたくさんの科目から悩んで自分に向いた科目を選択（せんたく）し、いろいろな世界をのぞくことができます。その中で、少しずつ進路を決めていくのは、総合学科ならではだと思うのです。

　ですから、そんな相談を受けたときは、「それでもいいんだよ」と声をかけ、どんなふうに自分の興味を掘（ほ）り下げて行ったらいいかを、いっしょに考えていくのも、総合学科の教師ならではの仕事です。

　実際に、つばさ総合高等学校では、面談の機会を多く設けています。担任同士のチームによって考え方は違（ちが）うのですが、私の学年の担任の教師たちは、夏に生徒と保護者、教師とで三者面談をするほか、年に3回ほど生徒と個人面談をします。

　全員と面談するのは時間の制約もあり、なかなか難しいこともありますが、5分でも10分でも、そうやって生徒一人ひとりとコミュニケーションをとり、その生徒の「これから」をいっしょに考えていくようにしています。

多彩な学びで、
自分たちの未来を考える

吉田真奈撮影（以下同）

千葉県立小金高等学校
総合学科

塩田　隆さん

小金高等学校が総合学科となったさいの
立ち上げメンバーだった塩田さん。ほか
の専門学科である国際科高校を経験した
後、再び教頭として赴任しました。

主体的で対話的な学び

　総合学科では、主体的で対話的な学びを大切にしていま
す。つまり教師が教壇に立って教えることを生徒が暗記す
るとか、穴埋め問題をするのではなく、生徒が自分で考え
てクラスメートと対話しながら授業を進めていくことを大
事にしているのです。

　たとえば生物の授業では、生徒にテーマとなる動画やテ
レビ番組を事前に見てきてもらい、そのさい感じたこと、

学んだことをそれぞれが紙にまとめた状態で授業に参加してもらいます。つぎに、4人くらいのグループに分かれてその内容について話し合って共通認識をもち、教師から課題を出して、それについて今度は全体で意見を出してもらうという形です。

教科が数学の場合は、ひとつの式に対して、一般的にはこういう解き方があるけれど、ほかのやり方があるのではないかと考えるなどということを試みています。ひとつの授業でひとつのテーマを生徒に与えて、4人で話をして教え合うという取り組みをしている先生もいます。

総合学科は教員数が多く、ひとつの授業が少人数なので、先生もいろいろな取り組みができますし、生徒も自分に合った教わり方を選びやすいという利点があります。教師も、それぞれの生徒に目が届きやすいです。

また、大学の総合型選抜入試や自己推薦入試に対応して、小論文の個人指導などの授業も取り入れています。

学んだ知識をどう使うか

このような授業の取り組みによって何が変わるかというと、知識の身につきやすさです。知識・技能というものは、教師が一方的に伝えるだけでは身につきづらいのですが、

このような授業の場合、生徒が知っていることを前提に授業をするので、授業前に課題をこなしていないと参加するのが難しくなります。授業中の友だちとの対話でも、学んできた知識を使うことになりますから。

4人組であれば、4人のなかで誰か一人代表者を決めてもらって、その生徒に質問していく。そうすると、残りの3人が資料を準備したりして協力するうちに、代表の子をフォローしようという気持ちもプラスされて効率のよい学習につながっていくので、生徒たちもコミュニケーションの中で学んでいく感覚があります。

デジタル化により授業もやりやすく

生徒が全員タブレットをもっていることで、授業でできる内容も幅が広がっています。以前は、グループに1台タブレットを渡して、課題はタブレットを通して担当の教師に渡し、教師も答えをタブレットに返すという形で授業を進めていたこともありました。

今では、一人1台のタブレットをもっているので、生徒は先生との対話がしやすくなり、教師側は解答を一度に全員に共有できます。それぞれの生徒がひとつの問題をいろいろな方向から解こうとする考え方も共有できます。

お互いを高め合う関係性

　総合学科は50単位くらいまでは普通科高校と同じ科目が設置されています。商業科高校や工業科高校などの専門学科は特化した学びに集中することができますが、中学校3年生の時点で何をやりたいかを選択して入らなければなりません。たとえば高校2年生から専攻を変えようとした場合、1年生での学びが活かしきれないことがあります。

　総合学科は、普通科や専門学科より、自由に学びを選択できるのがメリットです。学生生活の中で、自分でカリキュラムをつくっていくので、進路や職業に対してしっかり考えられるのも、ほかの学科との違いのひとつかもしれません。自分の方向性は、これまでは学校行事や部活動で培っていった力かもしれませんが、それをきちんと授業の中でやりましょうというのが、総合学科です。普通科もしくは専門学科よりも、授業選びと、部活動、学校行事、委員会活動が連動しているように感じます。「産業社会と人間」「総合的な探究の時間」の授業の中で身につく、自発的に学び、発表する力が、部活動や学校行事のコミュニケーションや、お互いを高めていく力に変化していくこともあると思います。

人生設計から、進路を決めていく

　進学を希望して入学してくる生徒が小金高等学校は多いのですが、それは学校設定科目の魅力を感じてもらえているからではないかと思います。普通科だと上限の単位数があるのですが、総合学科はそれが撤廃されていますので。高校卒業のための必履修の部分さえ押さえておけば、取りたい授業を時間の許す限り選択することができます。

　とても多くの選択科目、専門科目と学校設定科目があるのですが、高校2年生ですと、高校1年生の6月から11月のあいだに、高校3年生は、2年生の6月から11月のあいだにどの授業を選択していくか決めていきます。

　それぞれの希望に見合う系列は用意されていますが、たとえば人文社会を勉強しようと思っていたけれど、途中で芸術関係に魅力を感じた生徒がいた場合、2年生の段階で時間割的に許せば、自由に授業を選ぶことができます。ほぼ選択科目を選ぶための目安となる系列は用意されています。

　夏休み中に生徒は、オープンキャンパスに行くとか、いろいろな経験をしますよね。そうする中で志望する進路が変わっていくこともありますから、この科目を選択したほうがいいとか、教員と生徒との相談の中で調整をしていきます。

ミスマッチのない進路選びを

ただ、大学に行きたいから勉強するのではなくて、自分の考えている人生設計の中に、この大学のこの学部で得られる学びが必要だから、志望するという流れが理想です。なので、教師側は「成績がこうだから、ここの大学に入ったほうがいい」などとは勧めていません。

将来の目標が定まらず、成績に合うからといった大学選びをして、入学して1年生くらいでやめてしまう、そうしたミスマッチを可能な限りなくしたいのです。そういう思いも、総合学科の立ち上げにはあったと思います。自分の将来設計の中で必要なものをしっかりと考えていくことが大学進学に必要だと考えていますので、そこはていねいにサポートしていきたいと思っています。

中学校3年生の段階で、なかなかその後の人生のすべてを考えることはできないと思うのです。そんな中、小金高等学校では未来を考える役に立つ、多様な学びを用意できていると考えています。

2章

どんなことを勉強するの？

高校の先生に聞いてみた！ 3 インタビュー

自分の適性を
見つけ出せる高校

国際学院高等学校
総合学科
島田哲弥さん

社会科教諭として日本史を担当している
島田さん。進路指導部主任でもあり、総
合学科の中にある三つのコースの生徒全
員との面談も重視しています。

三つのコースがある国際学院高等学校

　国際学院高等学校の総合学科には、選抜進学コース、進
学コースと食物調理コースという三つのコースがあります。
選抜進学コースと進学コースは主に私立大学のさまざまな
学部への進学をめざすコースです。

　総合学科について、中学生に「工業科高校や商業科高校
という専門学科と普通科の中間くらいに位置している学科
だよ」と、たとえて話します。専門学科に入学すると、履

50

修できる科目が限られているので、将来の進路が自然に決まってきてしまいます。総合学科には、普通科よりもさまざまな選択肢があり、自分が将来どんな職業に就きたいかを、じっくり考える授業を取り入れています。

調理師免許が取れる食物調理コース

　食物調理コースは、１年生から調理師をめざして、調理師養成のための授業を受け、卒業と同時に調理師免許を取ることができます。

　「なんとなく調理師がいいかなと思って……」という気持ちで入学しては、あとで気が変わったときに困ってしまうので、個別相談会で「なんで食物調理コースをめざしているの？」と、質問をすることがあります。いつも家で料理の手伝いをしていて関心をもった、お父さんお母さんが調理師で自分も調理師になりたいなど、食物調理コースを志

食物調理コースの実習風景

望する理由はさまざまですね。とはいえ、なかなか、15歳で将来を決めなさいというのは、難しいことです。途中で調理師から志望が変わっても、調理以外の受験に必要な科目も履修できるので、専門学科ではなく、総合学科に食物調理コースがあるという意味があります。

　食物調理コースの卒業後は、調理師として就職する生徒もいますが、栄養士などの資格が取れる各種学校や大学に進む生徒もいます。また、高校で調理師免許を取得しているので、さらに技術を高めるため、調理師の専門学校に進学する道を選ぶ人もいます。専門学校によっては、調理師免許をすでにもっていると、１年間の学費を少し安くしてくれるところもあるので、それは利点になると思います。

　食物調理コースの生徒のなかには、１学年のなかで２、

文化祭で外国料理を提供

　３人ほどまったく違う道を選ぶ人もいます。ですが、大学の文学部に進みたいとなったとき、他コースの生徒なら古典の勉強をしているところを、食物調理コースでは１年生の言語文化の古典しかないので、そこに追いついていくことはとても大変なことかもしれません。

　たとえば、調理師免許を取るのに必要な時間が150時間だったら、150時間きっちりやらないと単位として認定できません。ほかの生徒たちが国語や英語の勉強をする中で、食物調理コースの生徒は調理関係の補講をするなど、調理の勉強にさく時間がとても多いんですね。

　国際学院高等学校は、健康栄養学科のある短大も併設されています。その短大でも生物や数学など理数系の学習が必要になるので、補講という形で行うことがあります。

総合学科ならではの取り組み

　食物調理コース以外は、普通科と総合学科の授業は大きく変わりません。しかし、総合学科では「産業社会と人間」が必修科目になっていて、「総合的な探究の時間」と合わせて進路についてより深く考えることができます。「産業社会と人間」では、将来どういう職業に就きたいのか、そのためにはどんな学校に進学すればいいのか……な

どといった、「ライフプラン」をみんなで考えていきます。
「総合的な探究の時間」では、さらに人生を深く考え、卒
業論文のような形にまとめ、発表します。

　卒業後もライフプランの作成が心に残っている生徒が多
いようで、そこは総合学科高校の特色といえると思います。

　普通科（ふつうか）と総合学科の生徒が必修科目の授業でいっしょに
なることはあまりないですが、行事はいっしょに行います。
カナダへの海外研修もそうですね。文化祭では食物調理コ
ースの生徒が料理を提供するなど、特色を活かした出し物
もあります。食物調理コースには、海外の料理を学ぶ授業
があって、年によってモンゴルや韓国など、いろいろな国
の料理を出すのが特徴（とくちょう）です。

　総合学科の授業の一環（いっかん）である、いろいろな職業の方の講
演や上級学校訪問などのイベントは、普通科（ふつう）の生徒にとっ
ても有用な情報なので、共有しています。

将来を考える貴重な場に

　食物調理コースに関しては、調理師という資格取得にこ
だわってほしいので、中学生の段階で将来の進路が決まっ
ている生徒に来てほしいと考えています。他コースに関し
ては、大学に行くか専門学校に行くのか、将来どんな仕事
に就きたいかもよくわからない生徒にこそ、総合学科は向

いていると思っています。進路指導も、基本的には担任と生徒との二者面談、あとは担任と保護者と生徒の三者面談、場合によっては進路指導部の私も加わっての四者面談をすることもあります。

ひとつの興味から将来の選択肢を広げる

　たとえば、1年生のときに理学療法士になりたいという生徒がいたとしても、その生徒が医療系の仕事として、医師や看護師のほか、理学療法士しか知らないという場合もあるのです。その後、作業療法士とか言語聴覚士とか、めざす世界にはいろいろな仕事があることを知って、進路が変わっていくこともあります。そういったときには、ライフプランをつくるときに「仮の仕事を想定してごらん」と言います。学校の先生になりたいなら、「学校の先生になるためにはどうしたらいいか、調べてみよう」と言います。一度調べ方を学べれば、目標が決まったときに同じ方法を取れるでしょう。将来について考えるきっかけをつかむ場として、総合学科高校ならではの体験を受け止めてほしいと思います。

3章

どんな行事が

あるの？

文化祭

一年の中で行われる たくさんの 行事

体育祭や文化祭、高校ならではの行事

生徒が主役の年間行事

　学校によって、行事やその時期などには多少の違いがあります。よくある一年間の流れは、4～5月にオリエンテーションや面談、生徒総会などがあり、6月には体育祭が行われます。9月には、文化祭、10月には球技などをメインとしたスポーツ大会、3月には合唱コンクールがあったりします。中学校と同じような流れかもしれません。もちろん、中間考査や期末考査もありますし、学校によっては3学期制のところと2学期制のところがありますので、時期は少し違ってきます。

　このほかに系列別に特別な行事が盛り込まれている学校もたくさんあります。主に夏休みを利用して行われるところが多く、「福祉」系列では福祉体験合宿、「国際」系列では海外語学研修旅行、「調理」系列ではテーブルマナーの講習会や海外研修、調理技術コンクールといったように、その系列に即した合宿や研修旅行を組み込んでいます。

　高校では、行事は生徒が自分たちで企画・運営をしたり、系列別の行事があったりと活気があります。総合学科でも中学生から見るとかなり違いを感じる取り組みが行われています。行事を通して、培われる企画力や運営力、コミュニケーション力、仲間づくりなども、総合学科の大きな魅力のひとつでしょう。

委員会で自分たちだけの体育祭を

　企画・運営が生徒の手によるため、その自由度は中学校よりもかなり大きくなるでしょう。体育祭でも、生徒会とは別に、企画・運営をしたい人が立候補をして、実行委員を結成します。

年間行事の例

4月	**5**月	**6**月	**7**月	**8**月	**9**月
・始業式 ・オリエンテーション	・生徒総会 ・芸術鑑賞教室 ・中間考査	・体育祭	・期末考査 ・終業式 ・学校見学会	・部活動合宿 ・学校見学会	・始業式 ・文化祭

10月	**11**月	**12**月	**1**月	**2**月	**3**月
・球技大会 ・中間考査 ・学校説明会	・職業人インタビュー ・学校説明会 ・環境サミット	・期末考査 ・学校説明会 ・終業式	・始業式 ・推薦入学選抜	・入学者選抜 （学力考査） ・修学旅行	・学年末考査 ・卒業式 ・合唱コンクール ・修了式

ふだん以上に、授業で培ったコミュニケーション能力を活かすことができ、さらには生徒たちの考えが反映された内容になりやすいのです。

　体育祭では、個々の種目についても、実行委員会が決めていくところが多いです。全学年が参加するリレーなど、ダイナミックな競技や学校独自の特色ある競技も生まれます。自分たちで企画・運営をすることは、行事のやりがいや達成感、盛り上がりにもつながります。

　また、学校によっては縦割りでチームをつくります。縦割りチームでは、ふだんの学校生活には少ない異年齢の人間関係が、体育祭をきっかけに広がっていくということもあります。高校1年生と3年生では当然、体格や体力に差がありますが、3年生が1年生をフォローしたり、1年生が3年生の活躍に「自分もそうなりたい」とあこがれたり目標にしたりできるというよさもあります。

系列ごとに得意分野を活かせるチャンス

　体育祭は運動部の人たちがふだんの部活動で培った技能、体力を活かして活躍する大きなチャンスです。それに加えて、総合学科高校のなかには、スポーツに専門に取り組む「スポーツ」系列がある学校もあります。スポーツ推薦入学があるところも多いので、スポーツ系列の人は、より力を活かす機会となり、ほかの学校よりも、見どころの多い体育祭が繰り広げられることになるかもしれません。

　また、いろいろな系列があるので、運動以外でもその学

校ならではの楽しさがあります。たとえば「芸術・デザイン」系列のある学校では、デザインをしたり絵を描くのが好きな人が多いので、ポスターや当日のチームごとの立て看板などは華やかなものになるでしょう。また、「服飾デザイン」系列のある学校なら、その系列の生徒がダンスなどの種目の衣装を作ったりもします。

　運動があまり得意でない人でも、それぞれに自分の特技を活かして輝けるのが、総合学科高校の体育祭です。

さまざまな体育祭の形

　体育祭といえば、敷地内のグラウンドを会場として行われることが一般的ですが、ときには近隣の大きな競技場を借りて行われることもあります。特に「スポーツ」系列がある学校にとって体育祭は一大イベントなので、広い場所でたくさんの観客を入れて行うこともよくあるようです。

　学校のなかには、体育祭の代わりとして行われる、もしくは体育祭とは別に行事として行われる球技大会もあります。その名の通り、チームでバスケットボール、バレーボール、サッカーといった球技を競い合う大会で、クラストーナメント制のところが多く、体育祭とはまた違った楽しみのある行事です。

　また、学校によっては、「文化の部・体育の部」として、同時期に文化祭と体育祭を行うところもあります。

　このように、ほかの行事と同様、体育祭においてもその学校の個性が発揮されるのです。

創意工夫が花開く 年に一度 の場

学習成果の発表やみんなの知恵が集結！

文化祭も自分たちで企画・運営

　文化祭は、9〜11月ごろ実施されることが多いようです。クラスや部活動ごとの出し物、授業の成果を発表する場としても大切な機会となっています。同級生や、場合によってはほかの学年の生徒と、意見を交換しながら、ひとつのものをつくり出す経験ができます。

　中学校でも、合唱コンクールでクラスごとの自由曲を決めたり、文化祭でクラスごとの展示を行ったことでしょう。高校でも、クラスで飲食の模擬店を出したり、おばけ屋敷をつくるといった活動があります。また、部活動ごとで出し物をすることも。どんな部活動がある学校かによっても違います。茶道部ならお茶会の開催、合唱部は合唱を披露するなど、部の特色を活かした発表がされています。

　中学校での文化祭は出し物こそ、生徒が考えてつくりますが、全体の企画や運営は先生主導である場合が多かったのではないでしょうか。高校の文化祭は、その年の文化祭

のテーマを決めることにはじまり、クラスや部活動、選択科目ごとなど参加する団体の取りまとめ、発表場所の調整やパンフレット制作、当日の動線の確認など、細かなところまで生徒が主導していきます。

　文化祭も生徒が実行委員会を組織して、企画から当日の運営までを考えて実行することが多くなっています。文化祭開催告知の場も、当日配布するパンフレットだけではなく、SNSを利用して一般のお客さん向けの事前告知をしたり、当日の様子を動画や写真でリアルタイムに伝えるなど、とても活発です。

　学校によっては、クラスで演劇を行うさいに、シナリオから衣装制作、音楽制作まで生徒たちで行うという取り組みをしています。音楽は、ピアノコースに所属している生徒が、自分たちの演劇のお話の長さに合わせて楽譜をアレンジし、実際の演奏までを行います。衣装は、「美術・デザイン」系列の生徒が担います。このように、系列やコースがある総合学科高校ならではの、自分の得意分野を活かして文化祭に参加するので、見応え・やりがいのある行事になっています。

独自の文化祭

　総合学科では、「産業社会と人間」という独自の授業があり、「総合的な探究の時間」も充実しています。そうした授業で考えたり、調べたりしたことに関連したことを文化祭で発表する学校もあります。

たとえば、「総合的な探究の時間」で学ぶような SDGs に関する発表などです。小学校や中学校でも経験のある「総合」「探究」について、総合学科高校ではさらに深い内容へと掘り下げます。探究学習に長けた先生たちの指導のもと学び方を学ぶための充実した環境で、まとめた成果を発表するのです。

　5 〜 6 人のチームに分かれて、SDGs の 17 の視点の中からひとつを選ぶなどテーマを決め、それぞれがコマーシャルのような短いビデオをつくり、コンテストをしたりする学校もあります。

　「美術」系列がある学校は、日々の授業で制作した作品の展示を行います。油絵や、彫刻などの造形物の展示、陶芸でつくった食器や木工作品、織物など、多様な作品がずらりと並ぶ学校もあり、圧巻です。

　「被服・デザイン」系列のある学校では、文化祭に合わせて自分のつくった服を着て、ファッションショーをするところもあります。

　食べ物のお店を出すこともあります。「調理」系列のある総合学科では、調理の先生が来校者にも喜ばれるようなメニューを決め、実際の買い出しや調理を生徒が担当します。ときには、「今年はモンゴル料理で」などと、毎年ふだん味わえないような国の料理をテーマにして、お店を出すこともあります。

3学年を通してチームで協力

　系列の1〜3年生までが縦割りでチームをつくって、出し物をすることもあります。ほかの学年とのかかわりがあることで、下級生にどのように教えたらいいかなど、ふだんの生活ではわからないことも体験できます。

　文化祭当日は、生徒や保護者などの学校関係者だけでなく、近隣の人たちも楽しみに訪れます。たくさんのお客さんが来るので、自分たちの高校を紹介する機会ともなり、学業へのモチベーションも高まります。また、終わったあとは自分たちの学校への愛着も増していくでしょう。

こんな おもしろい 行事 もある！

さまざまな研修や発表会

系列別にある特徴的（とくちょうてき）な研修

　系列別に独自の研修があるのも、総合学科の特徴（とくちょう）のひとつです。夏休みに泊（と）まりがけの研修がある学校も多いようです。それぞれの系列では、行事の一環（いっかん）として決まった時節に研修を取り入れています。

　「国際」系列では、海外に研修旅行に行き、現地の生徒と交流を深めたり、一般（いっぱん）家庭にホームステイをさせてもらったりしながら、その土地の空気感を味わい、外国語を話してみる研修が組み込まれている学校もあります。

　「食物・調理」系列では、フランス料理の研修として現地におもむき、試食したり厨房（ちゅうぼう）でシェフが料理をする様子などを見学するところも。また、日本国内や外国の有名シェフを特別講師として学校に招き、直接指導を受ける研修などもあります。調理師をめざしている人にとっては、料理をするだけでなく、提供の仕方やお客さんと接するときのあり方も大事です。そのため、文化祭などの行事でお店を

出し、料理を提供するのも、「食物・調理」系列の生徒に
とっては、研修といえるかもしれません。

「福祉」系列では、障がいのある人やお年寄りにつき添う
ことを想定して、実際に電車の乗り降りを介助するなどの
研修を行う学校もあります。

「農業や畜産」の系列では、泊まりがけで農家に農作業の
実習に行ったりすることもあります。

　総合学科では、各系列で実際の社会や人とふれあって、
将来自分が仕事をするときのイメージを実感できるような
研修を用意しているところが多くあります。このような研
修では、社会に出たときにどう人とコミュニケーションを
とり、社会の一員として過ごしていくか、ということも大
事な学びのポイントです。

　学校や系列によって、その研修の数や長さもまちまちで
すが、教室の中だけではない授業を楽しんでいるという生
徒の声をよく聞きます。

　自分の料理を食べに来てくれるお客さんの笑顔や、介助
をした人びとの感謝の言葉などが、もっと学びたい、もっ
と人びとを笑顔にしたいという生徒たちのモチベーション
にもなっていくでしょう。

インターンシップ制度を導入している学校も

　19ページで紹介した総合学科の1年生の必修授業「産
業社会と人間」では、学校によって、毎年決まった時期に、
社会に出る前に実際の仕事を経験してみるインターンシッ

プ制度のある学校もあります。

　大学のインターンシップは数カ月に及ぶことも多いのですが、総合学科のインターンシップ制度は３〜５日くらいのところが多いようです。機械部品工場、自動車整備会社、和洋菓子製造・販売店、宿泊施設、老人福祉施設、保育所、美容室、ペットショップ、スポーツクラブなど、その体験場所は系列によって多岐にわたります。

　先生から学ぶ研修とは違って、実際に社員や従業員と同じ目線で仕事をしてみるということは、気付きも多く、自分の将来の仕事についても深く考える契機となります。

「産業社会と人間」の授業の発表会

　総合学科では通常、２〜３月くらいに「産業社会と人間」のまとめとして、発表会を行います。

　１年間「産業社会と人間」の中で、企業の人から話を聞いたり、見学に行ったり、将来就きたい仕事について、自分で考え、調べ、先生とも相談してきました。それを「私のライフプラン」として、一冊の冊子にまとめ、発表会を行うのです。

　発表では主に、就きたい職業に関連することなどについてプレゼンテーションをします。リハーサルを重ね、どうやったらよりよくみんなに伝わるかを考えながら、発表資料を見直し、話し方も工夫します。みんなの前で発表するプレゼンテーション能力も社会に出てから大事な力となります。

また、クラスで発表内容を共有することで、近い目標を
もった友人と相談する場ももつことになります。

「総合的な探究の時間」で総まとめを発表

高校２〜３年生では、１年で学んだ「産業社会と人間」
の内容を、さらに深めていく一方、多くの学校では、自分
たちの住む地域や地球環境などのテーマを掲げ、２年間を
かけて社会の仕組みなどをもっと広く深い視野で考えてい
きます。たとえば、グループごとに「貧困をなくすには」
「気候変動の対策」などの項目を調べていきます。項目選
びは、先生から割り当てられるのではなく、自分が関心を
もったこと。SDGsなどの問題も含め何が課題かを自分た
ちで発見・解決していくことが大切です。

２〜３月にポスターを一斉に貼り出して発表することも
あれば、一人ひとり壇上に上がり、作成したパワーポイン
トで説明していく形式もあります。都道府県によっては、
何校かで集まって、大きな会場で優秀作品を発表すること
もあります。

授業も部活動も、すべてが充実した学校生活

編集部撮影（以下同）

東京都立つばさ総合高等学校

総合学科　美術・デザイン系列　3年生

曽我実那子さん

中学3年生のとき、イラストにかかわる仕事をしたいと志望し、いくつか高校見学をして入学。現在は夢に向かって、充実した生活を送っています。

高校で美術が学べる学校

　年の離れた姉がイラストの仕事をしていた影響もあり、中学校の後半から、将来は自分も美術系の仕事がしたいなと思っていました。家から近くて通いやすく、美術が学べる学校に進学したいと担任の先生に相談したところ、つばさ総合高等学校のことを教えてもらいました。「美術・デザイン」系列では、1年生は国語や英語という普通科の高校と同じような必修科目がメインですが、2年生から美術

の選択科目が増えていくカリキュラムで、基本的なデッサンから CG、工芸などまで学べると聞きました。

　夏休みに高校で行われる説明会があったのですが、その前に電話で予約して、学校見学をさせてもらいました。デッサンなど、絵を描くときには、外の陽の光の入り具合がとても大事です。この学校の絵画室は、高いところから光が入るようにつくられていて、とてもすてきでした。カリキュラムも施設もすばらしく、すぐに受験することを決めました。

多彩な選択授業が魅力

　高校 3 年生になってふり返ってみると、この 3 年間は、楽しく充実した毎日でした。たとえば、学校選びのポイントになった絵画室で行う授業では、2 年生のときに主にデッサンをする「素描 A」、3 年生のときに「素描 B」を選択しました。中学生のときは、本格的にデッサンを学んでいなかった私ですが、2 年間デッサンをやってみて、自分でもデッサン力に成長を感じることができました。この授業を選択した人たちは、私と同じように美術系の進路を考えている人が多かったので、「ここは、こうしたほうがいいんじゃないの?」と、互いに意見を出し合うなど、みん

な意欲的でしたね。いちばん好きな授業でした。

　苦労したのは、3年生のときの「映像表現」の授業です。10人が一チームとなり、夏休みを利用して5〜6分の動画をつくります。受験勉強などで忙しい人もいて、なかなか全員が集まれなくて撮影(さつえい)が大変でしたが、スケジュール調整やチームで動くことなど、動画製作だけでない学びもたくさんある授業でした。

環境学習で沖縄へ

　総合学科には、系列の別なく1年生のときに、「産業社会と人間」、3年生では「総合的な探究の時間」(20ページ参照)の授業があります。

「産業社会と人間」は、自分自身や取り巻く社会、職業や仕事を理解し、将来について深く考えることを目標にしています。つばさ総合高等学校は、特に環境問題(かんきょう)をテーマとしてとらえています。その中で、夏に沖縄(おきなわ)で行われた全国高校生自然環境(かんきょう)サミットに行く機会を得ました。学校の代表の3人のなかに選ばれ、全国から集まった環境(かんきょう)に力を入れている高校の生徒たちと接したのですが、他校の生徒と会話をすることで、いろいろな考え方や取り組みを知り、勉強にもなりましたし、刺激(しげき)も受けました。

「総合的な探究の時間」は、高校で自分が興味関心をもって３年間学んできたことをまとめ、発表会が行われます。「美術」系列の生徒も、デザインやデッサンなどの作品ではなく、美術史や自分の就きたい仕事に関係した事柄を、一人ひとりが発表します。

　これらの授業を通して、自分のほんとうにやりたいことやどんな仕事に就きたいかを深く考えるようになりました。

進路を決めた部活動での経験

　つばさ総合高等学校は部活動も活発です。

　私は、軽音楽部とイラストレーション部を兼部していました。小学校から中学２年生くらいまで吹奏楽部に入っていたくらい音楽が好きだったので、軽音楽部でボーカルやギターの演奏をするのがとても楽しかったです。

　イラストレーション部は、イラストを描くことが主な活動です。単に自分の好きな絵を描くのではなく、くじ引きで何を描くかを決めるなどの活動もするので、画力の幅が広がります。また、地域のお祭りのポスターを描くなどの活動もしていました。

　ある日、イラストレーション部の部員の多くがスマートフォンで何かをしているのを疑問に思い、「何をしている

の？」と聞いてみました。すると、スマートフォンのアプリでイラストを描いているところを見せてくれました。今まで手描きのイラストしか描いていなかった私ですが、これをきっかけにデジタルでイラストを描くことに挑戦し始めました。授業も「情報演習」という授業を選択し、コンピュータのいろいろなソフトでイラストを描くことを学びました。

　高校入学のときは、ぼんやりと美術系の学校に進学して、イラスト関係の仕事ができたらいいなあと思っていました。いろいろ悩みましたが、今ではもっとデジタルのイラストを勉強して、ゲームのCG制作者になりたいと考えるようになりました。ですから、CG・映像科のある専門学校に進学し、デジタルの知識をできる限り吸収して夢を叶えられたらと思っています。

総合学科は、こんな人にお勧め

　総合学科は、自分で選択する授業がとても多い学科です。私は2年生のころに専門学校へ行くと決めたので、受験に必要な科目が少な目です。必修科目は、私のときは現代社会や現代文、体育、総合的な探究の時間、ロングホームルームくらいでしょうか。選択科目では、コミュニケーション英語と英語表現の科目以外、美術系の授業を履修してい

ます。美術大学に進学したいと思っている人は、座学の授業をたくさん選択しています。それぞれの進路に合わせて、先生と相談しながら、どの授業を選択するか決めていくのです。

　つばさ総合高等学校の場合は総合学科といっても系列が分かれているので、高校受験のときまでには自分のやりたいことがぼんやりとでもわかっていることが大事です。

　入学してからは、パソコンを使ったデジタルの授業、工芸やデザインなど作品を作る授業、美術史など美術の理論的な授業もあるので、いろいろな科目を選択することで、具体的な進路は見つけていけばいいのかなと思っています。また、必修の授業の中で、美術関係の会社の人が実際の仕事内容などのお話をしてくれる機会もあるので、具体的な仕事のイメージも浮かびやすいのではないでしょうか。

　もうひとつ、総合学科だけに限った話ではありませんが、高校選びでは、ネットだけの情報に頼るのではなく、受験を決める前に足を運んで、実際の学校を自分の目で確かめてみることが大切かなと思います。

諦めない心をもって、挑戦し続ける毎日

千葉県立小金高等学校

総合学科　数理科学系列　3年生

若松 憧さん

生徒会長も務める若松さん。感染症の流行によって学校行事開催が制限されたときもありましたが、学業に生徒会にとがんばっています。

大学進学を考えて、小金高等学校を選択

　中学生のとき、家族に進学先を相談しているうちに、理数系の大学に行ったほうが就職は有利になるのではないかという話になりました。では、高校はどうするか？　理数系の大学に行くのには、高校から理数系の勉強をしておいたら、大学での専攻や、将来就きたい仕事も定まってくるのではないかと、総合学科のなかに「数理科学」系列のある小金高等学校を視野に入れました。

　また、小金高等学校は、地元で「行事の小金」といわれているほど、生徒が中心になって行事を盛り上げていることで有名です。入学したら、さまざまな行事にかかわって高校生活が楽しめるのではないかと思いました。公立高校なので、受験当日の点数も大事ですが、内申点も重視されます。そこで、日々の中学の勉強で内申点を上げるようにしながら、受験勉強もがんばって志望の小金高等学校に入学することができました。

「行事の小金」を復活させたい！

　無事、高校生になった僕には、学業以外にもやりたいことがありました。それは、生徒会の会長です。中学の卒業式のとき、親友だった生徒会長が壇上で在校生に語る姿がとてもかっこよく見えました。僕も彼のように、壇上で思いを語ったり、行事などにかかわりたいと思ったのです。

　入学してすぐに生徒会に入ったのですが、この年は「小金の４大祭」といわれる球技祭、合唱祭、体育祭が、新型コロナウイルス感染症の影響で中止。文化祭は各クラスでつくった30分ほどの動画を流すというものでした。僕たちの世代は、「行事の小金」に憧れて入学を決めた世代なので、喪失感は大きかったです。

２年生では、念願の生徒会会長にもなりました。その年に、保護者など観客は入れませんでしたが、やっと合唱祭、体育祭が復活しました。文化祭も実際に各クラスを見て回るということができるようになったので、うれしかったです。

　行事にはそれぞれ実行委員会があって、生徒会は各実行委員会の手伝いという立ち位置なのですが、３年間ほとんど行事ができなかったので、先輩から受け継げる知識ややり方がありませんでした。一からみんなでつくっていかなくてはならず、手探りでのスタートでした。

　入学式でも、生徒会長として話をする機会がありました。そこでも、「行事の小金」を復活させようとがんばっていること、コロナ禍だから行事ができないのではなく、コロナ禍だからこそできることをやっていこう、それには１年生の力も必要だということを伝えました。みんなで、新たな行事の形をつくり上げていければいいなと考えています。

友だちとともに訪れた
成田山公園の三重塔

多様な部活動も魅力的

　生徒会主催の行事には新入生の歓迎会があります。これも3年ぶりに行われました。各行事の実行委員長に行事の説明をしてもらい、あとは各部の紹介です。CM映像を流す部もあれば、軽音部のライブ、吹奏楽部の演奏や合唱部の歌、書道部の実演、服飾部のファッションショーなどをしました。準備はかなり大変でしたが、1年生には楽しんでもらえたかなと思います。

　小金高等学校は、吹奏楽部が毎年のようにコンクールで金賞をとっていたり、ラグビー部の数人がNHK杯に出るなど、部活動も盛んです。部活動をしている人が100パーセントを超えるんですよ。つまり、二つ以上の部に入っている人が多いのです。

　ちなみに、僕は科学クリエイティブ部に入っています。科学の実験をしたり、コンピュータのプログラミングをしたりする部です。建物などをスクリーンとしてCGを投影するプロジェクションマッピングなどにも挑戦しています。

県の代表として活躍した
ラグビー部の部員たち

総合学科ならではの授業

　このように、生徒会や部活動を楽しんでいますが、もちろん勉強もしています。1年生のときは普通科と同じような履修科目ですが、総合学科では「産業社会と人間」（19ページ参照）という科目が必修です。2年生からは系列別の自由選択科目が増えていき、3年生では国語や英語、体育、ロングホームルーム以外は、自由選択科目になります。また、2～3年生では、この学年ならではの「総合的な探究の時間」（20ページ参照）の深掘りがあります。

　僕は、3年生になっても入学時に考えていた「数理科学」系列の授業を取っていますが、学年の途中で「人文社会」系列など、理系から文系に志望を変えることもできます。

　総合学科高校でよかったなと思うことのひとつは、「産業社会と人間」や「総合的な探究の時間」で、進路のことをじっくりと考えられたことです。それと、やはり自分が行きたいと思っている理系の内容や、大学受験に即した科目を、自分で選んで学べるというのが大きな利点だと思います。また、授業の中で、大学から先生が来て大学の説明をしてくれるなどの機会もあります。

　僕は、理系の大学への進学を考えているのですが、どういった学部、専攻をしたいかはまだ決まっていません。これから模試があるので、その成績なども考慮に入れながら、考えていこうと思っています。また、できれば推薦で大学に行ければとも思い、内申点も上げようと日々の勉強をがんばっています。

これから受験する中学生へ

　中学生の段階で、将来進みたい方向がある人に、総合学科高校はお勧めです。授業や先生との面談の中で、自分のやりたい分野を絞り込んでいけるからです。自分にどんな分野が向いているのか、じっくり向き合える環境にあります。

　僕の好きな小説の中に「諦めるのは簡単。だけど、あなたには似合わない」という言葉がありました。とてもすてきな言葉だなあと思って。確かに諦めるのは簡単かもしれませんが、諦めるというのは、その一方で、つらくもあると思います。たとえば、第1志望の進学先を成績が足りないから諦めると判断するのもつらいことですよね。諦められない気持ちが少しでもあるなら、諦めることは「あなたには似合わない」ということだと思っています。だから、最後の最後までがんばってみるのが大事なのではないでしょうか。もし、それでも第1志望への入学が叶わなくても、何かが残るので、これから受験をする人にも「今」を精一杯がんばってほしいと思います。

科学クリエイティブ部で
炎の実験!

自分の進路と向き合い、やりたいことを見つける

千葉県立小金高等学校
総合学科　数理科学系列　2年生

大橋榛菜さん
(おおはしはるな)

生徒会で会計を担うかたわら、写真部にも在籍している大橋さん。生徒会活動と部活動を両立しつつ、将来の夢に向けて勉強中です。

吉田真奈撮影

大学進学に向けてやりたいことを見つけたい

　高校進学を考えるさいに、将来何になりたいかを考えてみることにしました。小学生のころは、純粋な気持ちで「お花屋さんになりたい」とか、「野球選手になりたい」と考えがちだと思いますが、高校に上がるころには、「将来」というものが現実味を帯びてきます。一般的にも、このタイミングで、現在の自分をベースに、どこの部分をどう伸ばしたらいいのか？　理系・文系のどちらに強い高校に進

むのがいいのか、大学進学はどうするべきかなどを考えはじめる人が増えるのではないでしょうか。私も、高校選びの段階で、将来なりたいものをある程度決めておかないと、あとで困ってしまうのではと思ったのです。

　私の場合は、まず学校の先生になろうかな？　と考えました。しかし、ほんとうになりたいのかを考えたときに、子どもたちの前で先生として教えている自分の姿が思い浮かばず、わからなくなってしまいました。

　そんなときに見つけたのが小金高等学校です。小金高等学校は、自宅から通いやすい上に、普通科の高校に比べて、選択科目の選び方しだいでいろいろな分野を知ることができます。高校卒業後は、大学に進学したいと考えていたので、いろいろ見た上で、専門分野に絞った学習の仕方ができるのは、大学入試にも有利に働くと思いました。

まだ将来の夢がはっきりしていない人にもぴったり

　総合学科高校は、将来どうなりたいかを明確に思い描いている人はもちろんですが、まだぼんやりとしか考えていない人にもぴったりだと思います。たとえば、1年生の早い段階からどの系列を選択するか、先生との面談が何回も行われます。面談で先生と話していく中で、自分が何をし

たいのかを考えていけるのは魅力です。周囲の友だちの様子を見ていると、最初はただ自分の好きな系列を選ぶことになるケースがほとんどでした。しかし、夏休みなどに、大学や職業についてくわしく調べていき、それをもとにまた先生との面談をするうちに、自分のやりたいことが明確になっていくようでした。実際に、最初は数理系の系列を選択していた人が、いろいろ調べていくうちに人文系の系列に変更することもありました。何度も自分で調べたり、話すことで、将来の夢に向かって進むためには、具体的に何をしたらいいかを考え、ほんとうに自分に必要な履修科目が何なのかがわかるようになるのだと思います。

やりたいことが見つかると何をすればいいかがわかる

　私は将来、建築関係のインテリアデザインに関する仕事に就きたいと思っています。高校に入学して、進路について考えるようになるまでは、自分の好きなことをもとに将来について考えるといっても、ひとつに絞ることができませんでした。たとえば、私は絵を描くのがとても好きですが、それを仕事にしたいかと言われるとそこまでではありません。また、最初に考えていた学校の先生という職業も、具体的に自分が働いているイメージができませんでした。すでにやりたいことが決まっていれば、すんなりいく大学

調べも、将来の夢が定まっていない私には、あまり気乗りがしませんでした。そんなにすぐに、将来やりたいことなんて決まらないと思っていたのです。でもせっかく夏休みを利用して大学調べをするのだから、知りたい大学を調べたほうがいいと思って調べていくうちに、建築関係の大学と出合うことができました。建築そのものにはあまりなじみがありませんでしたが、インテリアデザインは私の好きな絵や数学を使うことができる分野だということを知り、いっきに興味が湧くようになりました。いろいろな大学を調べる機会があったおかげで、自分の得意なことと仕事が結びつき、将来の夢を具体的に思い描けるようになったように思います。

体育祭では、真っ赤な扇子と鉢巻きで、応援のために演舞をした

いろいろな科目に触れられるのが魅力

　将来、建築関係に進みたいと決めてからは、どの系列に進むかもスムーズに決めることができました。建築系の仕事に就くにあたり、専門的な資格を取得しようと思うと、数学Ⅲと物理の授業を受けている必要があります。将来のことを考えて、「数理科学」系列を選択することに決めました。私は、数学は好きなのですが、得意か不得意かで言えば世界史や国語などの文系科目のほうが得意です。建築系のことを学びたいと思っていなかったら、文系の系列を選んでいたかもしれません。

　また、「数理科学」系列を選んだからといって、得意な文系科目がまったく受けられなくなるわけではありません。系列を選択したあとも、ある程度興味のある科目を自由に履修できるのは、総合学科高校ならではの魅力です。

小金高等学校の体育祭名物、騎馬戦

将来について考える時間がたくさんある

　私はどんな高校に進学したらいいかとても悩んでいたため、将来について考えられるようになったのも小金高等学校に入ってからのことです。すでに将来の夢がある人は、高校選びもスムーズだったのではないかと思います。実際に、私の友だちも専門の学校に行くと、すぐに決めることができたようでした。

　高校に入ってからも、やりたいことがある友だちは、系列もどんどん決めていきました。何がやりたいかわからない私は、早く見つけなければと焦ってばかりいたように思います。

　しかし、総合学科には自分の将来について向き合う時間がたくさん用意されていました。実際に入学してみないとピンと来ないかもしれませんが、もし今やりたいことがなくて悩んでいても、総合学科に入って系列の選択や先生との面談をしていくうちに、ストンと「この仕事だな」と思える瞬間が来ると思います。将来の夢が決まっている人はもちろん、私のように悩んでいる人にも、総合学科高校はお勧めです。

たくさん夢を持っている人に向いている 総合学科

国際学院高等学校

総合学科　食物調理コース　2年生

佐藤龍伸さん

中学生のときに野球のクラブチームに所属。高校でも野球を続けられて、趣味の料理を究められる国際学院高等学校の食物調理コースに進学しました。

編集部撮影

大好きな野球と調理を高校で

　中学生のときは野球のクラブチームに所属していて、高校に入学してからも部活は野球を続けたいなと思っていました。また、味わったことのない料理を調べて自分で調理するのが趣味でした。

　クラブチームの会長と国際学院高等学校野球部顧問の先生が知り合いで、「国際学院高等学校なら、野球部も埼玉県の大会で結果を残しているし、食物調理コースもあるか

ら、どう?」と言われ、確かに僕にぴったりな高校だと思い、すぐに受験することを決めました。

すばらしい環境の調理実習室

　2年生の授業を紹介すると、半分が国語や英語など普通科と同じような教科で、半分が食物調理コースならではの授業です。たとえば、週に2日間1〜4時限目までが調理実習で、5〜6時限目がふつうの授業という日もあります。

　調理実習では、豚肉のカツレツトマトソースがけなどのメイン料理のほか、パンナコッタなどのスイーツをつくる

調理講師による細かい手元作業も拡大モニターで確認してから調理実習に臨める

こともあります。料理が趣味ということもありますし、おいしいものが食べられるので、好きな授業ですね。やはり調理実習は気合が入ります。

　調理実習室は、とても広くて、設備や器具、和食・洋食に合った食器などもそろっていて、とてもよい環境です。先生の調理中の手元を映すカメラが設置されており、その映像を大画面で見られるようになっていて、手順や細かい作業がとてもわかりやすいんですよ。

　とはいえ、食物調理コースでは、「食の安全と衛生」という食中毒に関して注意することを学ぶ授業とか栄養学など、調理実習以外の勉強もしなければならないので、結構大変です。

　また、調理実習があると体力を使いますし、そのあとや休日にも部活があるので、体力的にはちょっときついときもあります。でも、調理も野球も大好きで楽しいので、両立できています。

調理講師による実習

部活動や行事も充実

　野球部では、ファーストや外野のポジションです。部員は全部で40人以上います。１年生と３年生は人数が多いのですが、僕たち２年生が入学した年は、新型コロナウイルス感染症がいちばん流行っていた時期。そのため、人数が少ないんです。チーム内でコロナに罹患した人が出ると活動が制限されたり、練習ができなくなったりしました。１年生のときは思うように部活ができなくて大変でしたが、今は練習も再開しています。

　野球部には普通科や、総合学科でも選抜進学コースや進学コースなど、食物調理コース以外のコースの人も入部しています。僕は、授業や部活のことで悩むことも多いのですが、他コースの同学年の友だち先輩たちが違う視点で気軽に相談に乗ってくれて、助かっています。

　文化祭も、食物調理コースの生徒が料理を提供する側になったりして楽しいのですが、僕がいちばん好きなのは体育祭です。縦割りでいくつかのチームに分かれて対抗戦をやるので、先輩や後輩とも交流できる機会ですね。授業でも体育が好きですし、ふだんから野球部で体力もつけているので、すごく楽しめました。

仲間と全力で競い合う体育祭

今は、選択肢を増やすとき

　実は、まだ将来の進路については迷っています。1年生のときの「産業社会と人間」の授業で自分のライフプランを考えるんですが、そのとき将来は中学校の教師になりたいと書いたんです。中学校のときの先生がとてもいい人で憧れていたからですが、中学校の先生もいいけれど、高校に入ったら、まわりに調理師や管理栄養士になりたいという人も多く、いろいろな職業を知って、選択肢が増えてしまいました。だから、今はその選択肢が狭まらないように、受験科目になりそうな理科系の勉強もがんばっています。選択科目が多いのも、総合学科の利点だと思います。

　当面は、調理の技術を上げて包丁さばきなどがもっと上手にできるようになりたいのと、野球も上達したいですね。

これから高校受験をする人へ

　総合学科は、さまざまな選択授業があるので、ひとつの夢に絞らなくてもたくさん夢をもっている人に向いているのではないでしょうか。

　国際学院高等学校についていえば、校庭も広くて運動部がとても盛んです。スポーツ目的で入学してくる人も多いんですよ。広大な敷地の中に、洋館風の校舎や文化遺産的な建物、テニスコートや陸上トラックがあり、教室の設備も整っています。

　また、ユネスコスクールといって、海外の学校とさまざまな連携をしている学校でもあります。語学研修や海外との交流も盛んですから、大学受験や調理師をめざしている人だけでなく、広く海外や語学に興味をもっている人にも向いていると思います。

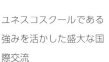
ユネスコスクールである強みを活かした盛大な国際交流

4章

卒業したら
どんな**進路**が
あるの？

自分や将来について

考えてみよう

将来や就きたい職業について深く考える

キャリアについて考える

　キャリアデザインという言葉を知っていますか？　キャリアとは、自分が積み重ねてきた経験のことです。自分自身が将来どのような仕事に就き、どのような働き方をしたいのか、はっきりとしたイメージをもって、自分で考えて経験を積み重ねていくということです。人生設計とかライフプランなどともいわれます。

　中学生でも、すでにはっきりとなりたい職業や夢をもっている人はいます。でも、なんとなく思い描いている将来があるとしても、具体的に細かいキャリアデザインまでは多くの人が考えていないのではないでしょうか。

　たとえば、公務員になりたいと思っていても、どこの大学を卒業して、どういった場所で働きたいのか、または、どんな働き方をする公務員になりたいかまで決まっている人は少ないのではないかと思います。

　一方で、会社員であってもいろいろな業種の会社があり

96

ます。近しい家族と同じような仕事に就きたいと思っていても、実際には毎日どんなスケジュールで、何を大変だと感じているかまで、くわしいことはよくわからないといった人が大半ではないでしょうか。

　高校時代に何をしたいか考えることは、自分のキャリアデザインをしっかりもつこと、これからの長い人生をよりよく生きていくために大事なことなのです。

10年後の自分の姿を思い描いてみる

　総合学科高校では、そのキャリアデザインを１年生の１年間「産業社会と人間」の授業を通して、考えていきます。

　いちばん大切なのは、自分で考え、進む道を決めていくこと。そのためには、10年後の自分を思い描き、そこから逆算して自分のあるべき姿を考えてみましょう。

　たとえば、10年後コンピュータを使って仕事をしたいと思ったら、どんな自分を思い描くでしょうか。スマートフォンのアプリの開発にもコンピュータが使われていて、開発者は、多くの場合、大学で数学や工学を学んでいます。世界的規模のアプリ制作や外国に本社がある企業で仕事をしたいと思えば、語学も必要になります。そうすると、高校時代にはコンピュータでアプリをつくってみるだけでなく、数学や工学系の大学に行くための勉強をすることが大切になってきます。

　アニメのCGをつくる仕事でもコンピュータは使われています。大学や専門学校でCGの制作過程やコンピュータ

上で絵を描くことが学びの中心となるでしょう。それには、高校時代にデッサンやコンピュータでCGをつくるための基礎知識を学んでおくほうがいいでしょう。同じコンピュータを使って仕事をするといっても、仕事の傾向は多岐にわたっています。

アニメの制作に関しても同じことがいえるかもしれません。アニメにかかわる仕事がしたいと思っても、実際にイラストを描く人だけでアニメは成り立ちません。アニメ制作は、プロデュースをする人、脚本を書く人、監督、できたイラストを撮影・編集する人、音楽をつくる人、声優など、さまざまな専門分野に分かれています。アニメーターになるのか、脚本家になるのか、監督になるのかで、高校時代に学んでおくべきことは、ずいぶんと違ってきます。

もちろん、反対に「スポーツ選手になりたい！」と強く思っていても、高校で学んでいるうちに、スポーツ関係でも実際にスポーツをする人ではなく、インストラクターなどの仕事に、より興味を抱いていく人もいるかもしれません。そのために、選択科目としてさまざまな授業が用意されていて、より自分の適性に近い仕事の選択肢が広がるようにしているのが総合学科高校です。

高校を選ぶときには、社会の変化を見据えて10年後の自分を思い描きながら、進路や進学先選びをしていくことが大切なのです。

総合学科でどの系列を選ぶかも大切ですが、多彩な選択科目や「産業社会と人間」の授業の中で、自分で考えて調べ、専門家の助言をもらいながら、めざす方向を決めてい

きましょう。

自分の中の「なぜだろう？」を突き詰めよう

　自分のキャリアデザインを考える上で、その土台となるのが主体的に物事を考えられる力です。総合学科では２～３年生の「総合的な探究の時間」により、「主体的で対話的で深い学び」につながる「学び方」を学んでいきます。同級生や先生、あるときは外部の専門家とコミュニケーションをとりながら、自分で調べて学んでいくことの大切さを知っていきます。

　これからの時代には、自分の中に生まれた「なぜだろう？　どうしてだろう？」という好奇心や疑問を徹底的に自分で考え、調べていく学ぶ力が、とても大切になってきます。

　たとえば、上司の指示に従っているだけでは、仕事上の新しい発想や製品などは、なかなか生まれにくくなるかもしれません。今、日本の経済が停滞気味なのは、主体的に物事を考えられる人が少ないことが要因のひとつだともいわれています。積極的に、しかも柔軟に物事を考えられる人が、これからの時代をつくっていくのではないでしょうか。

　大学での研究や仕事では、固定観念をもってしまうと、なかなか新しい価値観が生まれにくくなります。学び方を知っている人は、思考の柔軟性も併せもつことができます。

　総合学科で、学び方を学べた人は、これからの社会に欠かせない人材となっていくに違いありません。

興味を 深掘り してみよう

自分の得意、興味関心を見つめ直してみる

「なりたい自分」を探す仕組み

　将来、社会に出たさいには、多くの人が何らかの職業に就くことと思います。小学校、中学校に通っている段階で、どんな職業に就きたいか具体的に考えたことがある人はどれだけいるでしょうか。

　総合学科高校では、キャリアデザインといって、自分の将来を思い描いたときにどうしたらなりたい自分になれるかを考えることを、重要なテーマとしています。

　ここで言う、「なりたい自分」とはどんな自分でしょうか？　小学生や中学生の時点でも、将来の明確なビジョンを描いて、着々と準備を進めている人もいるでしょう。一方で、まだわからないという人も、たくさんいるのではないかと思います。

　総合学科高校には、そんな「なりたい自分」を探すための仕組みがたくさん用意されています。なんといっても、専門の系列があり、選択科目が多様で、自分で好きな時間

割をつくることができるため、自分の得意なことをさらに
探究したり、興味関心を深めることができるのが、いちば
ん大きな仕組みのひとつと言えます。

興味へのさまざまなかかわり方

　たとえば、スポーツが好きな人が、スポーツにかかわる
仕事がしたいとなったら、どんな仕事に就くことが考えら
れるでしょうか。もちろん、スポーツ選手をめざす場合も
あるでしょう。一方で、スポーツ選手を支えるスポーツ整
体やインストラクター、スポーツイベントを考えたり、運
営したりすることも、スポーツにかかわる仕事といえます。

　学校によってさまざまではありますが、総合学科高校の
「スポーツ」系列の授業には、普通科高校の週に数時間行
われる体育の時間よりも、少し専門的なスポーツに関する
授業が用意されています。スポーツとひと口に言ってもど
んなスポーツがあるのか？　ということから考えてみるこ
ともあります。実際に校庭や体育館でスポーツをする実践
の授業もあります。また、スポーツをする人を支えるため
の、テーピングにまつわる講義や、必要な筋肉の鍛え方に
関して学ぶ時間も設けられていることがあります。

　さらには、スポーツは競技をする人ももちろん大切です
が、お金を出して観戦する人の存在も大切ですので、そう
したスポーツを取り巻く環境に関する理論的な話を聞ける
こともあるようです。

　こうした講義を通して、少し専門的にスポーツの世界を

学ぶことで、スポーツの仕事と言っても、自分が選手となってスポーツをするだけではなく、さまざまなかかわり方があるのが見えてくるのではないでしょうか。

大好きな世界も多種多様

「美術」系の系列でも同様に、素描や絵画、デザイン、写真、造形、美術史、最近ではアニメ・動画制作が選択科目に入っている学校もあります。普通科高校であれば選択科目として用意されていても、美術の授業自体が週に数時間しかないことがほとんどです。

　学校によって設備にも違いがあります。「美術」系列では、絵を描くのも絵の具や絵筆を使って描くだけではなく、パソコンにペンタブレットをつないでデジタルで絵を描く演習を取り入れている学校もあります。

　将来、どんな美術に関係する仕事をするか考える上では、いろいろな美術にふれておくことがとても大切です。講師の先生も、一人の先生が受けもつのではなく、授業ごとに専門の先生を呼ぶことも多いため、より専門的な話を聞けるのもポイントでしょう。

　スポーツ同様、美術にかかわる仕事もさまざまなため、画家やイラストレーターになるばかりではなく、建築やグラフィックデザイン、舞台演出や学芸員、美術品のバイヤーなど、自分の興味関心のある美術についての知識を掘り下げていくことで、見つかる仕事があるかもしれません。

総合学科の学びが将来につながる

　好きなことを掘り下げてじっくり学んでいくと、自分が何に興味関心があって、どんなことができそうなのかがはっきりしてくる瞬間があります。

　たとえば、スポーツが好きで部活動に打ち込んでいる人が、スポーツを取り巻くさまざまなことを学んでいくと、実は自分が、競技をする人ではなく、スポーツトレーナーとして選手にテーピングを施したり、痛めた筋肉をどうやって鍛え直すかを指導することに適性があると知るかもしれません。

　美術系でも同様です。最初に、コンピュータグラフィックスに興味をもったとしても、今や美術の世界のあらゆる場面でコンピュータグラフィックスは使われています。イラストやアニメーション制作はもちろん、建築やインテリアデザインの世界など、その表現方法をどんなふうに活かすかは、自分のやりたいことと向き合いながら考えていくのがよいのではないでしょうか。

　興味をもったことを深掘りして学んでいくことが、自分に合った職業や進路を探すことにつながるのだと思います。

　この学びができるのが、総合学科高校です。

どんな **進路** が あるの？

取得できる資格や進路や進学先は？

どんな職業や進路をめざす？

　総合学科は、系列も、そこで行われる選択科目も多岐にわたっていますから、どういう傾向のところへ進学・就職するかというのも、多岐にわたっています。

　総合学科全体で見ると、約3分の1が大学、もう3分の1が専門学校、残りは就職となります。しかし、これも系列によって大きく違います。

　たとえば、地域性もあるでしょうが、「人文科学」系列や「国際コミュニケーション」系列の人は、大学進学を希望する人が多いようです。

　「情報」系列や「工業」系列の生徒は、その人の考え方や進みたい分野によって、進路はさまざまです。スマートフォンのアプリケーションエンジニアになりたいという人は、数学や物理のもっと深い知識が必要なので、大学をめざすことが多いでしょう。顧客に合わせたコンピュータプログラムのシステム設計をするシステムエンジニア（SE）を

めざす人は、大学に行って理論を学びたいという人もいれ
ば、即戦力となる技術を学び、なるべく早く社会に出たい
という人もいて、あえて専門学校を選ぶこともあります。
「工業」系列に関してはさらなる知識を求めて大学に行く
人、専門学校で実践向けの技術を高めたいと思う人、高校
在学中に取った資格を武器に就職しようと思う人などに分
かれるかもしれません。

「美術・芸術」系列の人の進路は、さらに多様です。ピア
ニストや画家などのアーティストになりたい人は音楽大学
や美術大学をめざす人が多く、アニメーターは、即戦力に
なる技術を学びに専門学校を選択するかもしれません。な
かには、高校卒業後に上級学校に行かず、フリーのイラス
トレーターとして活躍する人も出てくるでしょう。

「調理」系列では、在学中に調理師の資格が取れる学校が
多いので、そのまま調理師として就職する人も多いです。
けれど一方で、もっと食に関する知識を探究するために、
専門学校や大学に進学して、栄養士や管理栄養士などの資
格を取ってから就職するという人もいます。

　自分で将来について深く考えることで、大学進学だけを
視野に入れるのではなく、むしろ「私はこれがやりたいか
ら、専門学校に行く」「就職をする」という人も多いのが、
総合学科です。

学校が試験や研修を推奨する資格も

　総合学科では、専門学科ほど特化はしていませんが、普

通科より取れる資格も多く、外部試験を受けて取ることを推奨される資格もあります。調理師免許のように、必要な単位を取れば免許を取得できる系列もあります。学校や系列によって資格の種類も変わってきますし、学校の対応も違っています。学校によって、資格を取ることが推奨されていたり、資格合格のための講座が開設されているところなど、取り組み方はさまざまです。

　高校在学中に資格を取ろうと思う人は、どのような選択科目を履修すれば資格が取れるのか、また単位だけで資格取得できるのか、それとも外部の試験や研修を受けて資格取得ができるのかなども、考慮に入れておくのがよいかもしれません。

系列によって取れる資格はさまざま

　学校によって資格に対する考え方はさまざまですが、その系列を選択することで、資格を取りやすくなることがあります。

　たとえば、「人文」系列・「国際」系列であれば、日本漢字能力検定、実用英語技能検定など。

「情報ビジネス」系列であれば、簿記実務検定、日商簿記検定、ビジネス計算実務検定、情報処理検定、ビジネス文書実務検定、ビジネス実務法務検定、商業経済検定、ITパスポート、秘書検定、サービス接遇検定などがあります。

「美術・芸術」系列では、色彩検定があげられます。

「福祉」系列では、保育技術検定、介護職員初任者研修、

認知症ライフパートナー検定試験、福祉住環境コーディネーター検定などがあります。

「食物・調理」系列では、食物調理技術検定、調理師免許の資格取得があります。

　こうした資格は在学中に取れたり、取るのがお勧めと学校から紹介される資格です。

　総合学科の生徒は、これらの技能検定、資格取得をめざしながら、各自、適性に合わせた進路を絞っていきます。高校側も、個人の適性に合わせて進路指導をしてサポートしていきます。

いつでも**僕**を支えてくれた
顧問の**先生**

編集部撮影

国際学院高等学校総合学科選抜進学コース卒業

国士舘大学法学部　１年生

佐藤悠人さん

国際学院高等学校の野球部に憧れて入学。キャプテンとしても活躍し、卒業後は社会科教諭をめざしながら、学生コーチとして後輩の指導もしています。

野球部の強い高校に入りたい！

　中学校で野球部に所属していた僕は、高校に入学しても野球を続けたい、できれば野球の強豪校に入学したいと思っていました。そんなときに中学校の先生に勧められたのが、国際学院高等学校です。

　国際学院高等学校は、部活動が盛んで、強化指定部の射撃部、陸上部、サッカー部をはじめ、多くの部がしのぎを削っている高校です。野球部も例外ではなく、埼玉県の高

校野球大会で上位をめざし、練習にはげんでいます。

　まず僕は、野球部の一日体験入部に参加してみました。広くて、学校の雰囲気もよかったのですが、野球部の顧問の先生が真剣に進学相談をしてくれて「それだったら、『選抜進学コース』を受験するのがいいんじゃないか」と言ってくれたことが、国際学院高等学校を受験するきっかけとなりました。

　国際学院高等学校総合学科の選抜進学コースと進学コースは、主に大学進学をめざす学科です。食物調理コースは、どちらかというと「調理師になる！」など、進路を決めている人が多いのですが、選抜進学コースや進学コースに入学する人は、「進学したいけれど、まだどういう職業に就きたいかなど、具体的な目標は決まっていない」という人が多いです。僕も中学のときは、ただ野球がやりたいという思いばかりが強く、具体的な進路が決まっていなかったので、この学科が適しているなと思いました。

自然とやる気の出る授業

　入学してみると思った以上に僕に向いている学科でした。

　国際学院高等学校は、学校名に「国際」が入っている通り、海外での語学研修や異文化交流が盛んです。僕は英語

が不得意だったのですが、2年生になったらカナダでの語学研修があると知って、英語を勉強するモチベーションになりました。また、月に一度英語の単語テストがあり、自然と英語力が身についていきました。

　12月には、全学年英単語グランプリというのがあります。100問くらいの英単語のテストで、学年に関係なく順位が出ます。1年生のときに順位が低くても、2年、3年とやっただけ順位が上がっていくので、英語を勉強する意欲につながりました。

　新型コロナウイルス感染症の世界的な流行で、楽しみにしていたカナダでの語学研修が中止になってしまったことはほんとうに残念でしたが、いつのまにか英語が好きになったのは、大きな収穫でした。

語学研修では、カナダの
バンクーバーにある提携
大学でのプログラム受講
や、現地小学生との交流
が予定されている

　また、日本史も、教科書だけだとイメージがつかみにくいのですが、授業の中で動画を見ることがあって、歴史に興味がもてるようになりました。たとえば、第二次世界大戦の授業のときは、『永遠の0』という、特攻隊で出撃した青年の心情を描いた映画を見せてもらったことで、戦争を深く考えるきっかけになりました。

　このように、自然と授業に興味をもてたり、やる気が湧いてくるように工夫された授業が多かったです。

楽しかった文化祭

　僕たちの高校生活は、コロナ禍でさまざまな影響を受けました。カナダでの研修旅行が中止になったのもその一例です。行事も1年生のときはふつうにできたのですが、2年生、3年生のときは文化祭がオンラインになりました。

　1年生のときは、クラスで占いの部屋をつくることに決めて、盛り上がりました。みんなでコンセプトを決め、クラスの中でコンテストをして上位の人が占い師になりました。準備に時間はかかりましたが、高校生らしいことができて、とても楽しかった思い出です。

　2年生のときは、クラス別に動画をつくって、コンテス

トを開催しました。SDGs に関連したテーマを選んで動画をつくるのですが、僕たちのクラスは世界の飢餓の問題を取り上げました。オンライン開催には、これまでのリアル開催とは異なる難しさがありましたが、それはそれでおもしろい貴重な経験でした。

編集部撮影

野球部のキャプテンとして

　野球部に入りたくて国際学院高等学校に入学した僕は、もちろん入学と同時に野球部に入りました。しかし、中学のときのけががなかなか治らず、高校に入学してからは、ほとんど練習らしい練習ができなかったのです。選手として活躍できなければ、見捨てられてしまうのではないか……。そんな不安がいつもありました。

　ところが、2 年生の 8 月、先生がそんな僕を野球部の新キャプテンに指名してくれたのです。とても驚きましたが、選手として活躍できなくても試合を見て指示はできると、先生が僕の居場所を考えてくれたんだなと、胸が熱くなりました。

　自分でプレーができるならやって見せればよいのですが、それができないので、どう言えばみんながついてきてくれ

るかなど、先生の期待に応えられるよう、たくさん考えた
ことが僕を成長させてくれたと思います。

編集部撮影

夢は高校の先生になること

　僕は、高校2年生くらいまで、将来やりたい職業もなく、
周囲のみんなが進路を決めていく中で焦りを感じていまし
た。しかし、野球部の顧問の先生と話しているときに、
「教職はどう？」と言われたことをきっかけに、「そうだ！
いちばん得意なのは社会科で、特に公民の授業は大好き
だ！　法学部に行って、顧問の先生と同じ、高校の社会科
の先生になろう」と、思うようになったのです。幸いにも
指定校推薦が取れて、今は大学生です。野球部の学生コー
チとして、顧問の先生の手伝いをしながら、教員免許を取
ろうとがんばっています。

　僕のように将来の進路が定まっていない人も、総合学科
高校ではさまざまな体験をして視野を広げ、自分の進むべ
き道を探し当てられるのではないかと思います。

総合学科高校での**学びを深め、**音楽の道を歩む

千葉県立小金高等学校総合学科芸術文化系列（現在は名称変更）卒業　東京藝術大学楽理科　4年生

船浦佳歩さん

幼稚園のころからピアノが大好きだった船浦さん。「芸術文化」系列コースで音楽を専攻。卒業後も音楽についての学びを深めています。

音楽に集中できた高校時代

　私は幼稚園のころからピアノを習っていたので、部活に入らずにピアノの練習をがんばれる高校を選ぼうと考えていました。自分の学力ギリギリのところに入ると、ピアノと学業の両立が大変だと思ったため、学力的にバランスがよいと思って小金高等学校を選んだのが正直なきっかけです。総合学科では芸術や音楽を学ぶ時間が多くとれるとは聞いていましたが、1期生だったので、入学するまでほん

とうに音楽を学べるのか、ちょっと不安でした。しかし、実際に入学してみると、思っていた以上に音楽に集中することができる環境で、入ってよかったと思いました。

　入学したあとは水泳部でマネージャーをしていました。音大に入るのに水泳部？　と思われるかもしれません。ですが、先輩たちも「ピアノの練習があるなら休んでもいいよ」と言ってくれる部だったので、それほどハードではなかったのです。小金高等学校は部活への入部率が高く、部活単位で動くことも多いので、入ったことで楽しく過ごすことができました。

音楽をいろいろな視点から学ぶ楽理科へ

　私が所属している東京藝術大学の楽理科は、音楽学を学ぶ場所です。ベートーベンや、モーツァルトに代表されるようなクラシック音楽を聴くだけではなく、アジアやアフリカといった世界の音楽、音楽のつくりや仕組みを学ぶ「音楽理論」など、音楽について深く学んでいく学科です。

　もともと小金高等学校に入るまでは大学のピアノ科に行くつもりだったのですが、高校でピアノのレッスンをしてくれている先生が楽理科のことを教えてくれました。その先生とのレッスンを通じて、ただ演奏をするのもいいけれ

ど、研究者の立場から見るのもおもしろそうだと思い、楽理科をめざすことにしました。私はピアノを17年ほどやっていますが、今の楽理科では主に論文を書いており、ピアノは個人的にやりたいから趣味で演奏するという形ですね。

　クラシック音楽って、「敷居が高そう」「難しそう」と思われることが多いのですが、そんなとき、「こう聴くとおもしろいんだよ」と、勉強したからこそ伝えられる部分があると思います。将来的にどういう仕事をするかはまだ決めていませんが、教える側になりたい気持ちは、楽理科に入ってより強くなりました。

「行事の小金」ならではの体験

　小金高等学校では、音楽理論を授業で学べることに加え、学校でピアノを弾ける時間もあったので、効率よく勉強することができました。学校で楽譜を読み込むソルフェージュなどを学び、放課後は塾に行って受験に必要な英語や国語を学ぶというリズムをつくれたのは、ありがたかったです。

　ピアノのレッスンにはもちろん行っていたのですが、楽理科を受験するには小論文が必要だったので、実技だけではない、音楽だけの小論文の書き方を学ぶために、音楽学

の先生のところにも通っていました。

　勉強だけではなく、行事が盛んな小金高等学校ならではの経験もできました。この学校は文化祭などの行事を生徒たちが企画し、役割を決めて、みんなで協力してやっていくのが基本です。私のクラスは3年の文化祭で演劇をやったのですが、衣装や美術はもちろん、音楽や効果音も自分たちで用意しました。曲を流して歌って踊るミュージカルなので、歌の入っていない曲を用意しなければなりません。なので、私ともう一人のピアノ科に進んだ人で演奏をし、機械にくわしい人が録音と編集をして曲をつくることもしました。そうやって、それぞれ得意なことがある人が協力してつくっていく体験は、この学校ならではのものかもしれません。

　大学に入ってからは、音楽のコンサートを企画して、受付や案内といった役割を割り振ってひとつのイベントを開催する機会があります。そんなとき、自然と自分から動いてイベントをつくっていくことができるのは、高校の行事を経験したからだと思います。

グランドピアノを演奏する
船浦さん

117

卒業後もある高校とのつながり

　当時の「芸術文化」系列の人は、音楽、美術、服飾関係をめざしていて、入るときから進路を決めている人が多かったです。文系理系に関しては、やってみないとわからない部分もあるので、学年が上がっていく中で将来が定まっていく人もいたと思います。

　そのなかでも、音大に進んだ友人とは今でも仲よくしていて、私立の音大のピアノ科に進んだ人のコンサートを聴きに行ったりします。その友人は小金高等学校の現役生の個人コンクールの伴奏をしたりもしているんですよ。私は都合がつかなくて参加できなかったのですが、ときどきそういう伴奏の話などが先生から来るので、卒業後も学校とは交流があるほうだと思います。

　音大受験の数週間前に体育の授業でソフトボールがあったのですが、「指をけがすると、受験できなくなるから」と、見学させてくれるなど、音楽に理解がある先生たちが何かと配慮してくれました。

　藝大受験は厳しいチャレンジなので、自分では合格できると思っていなかったのですが、先生が「受かった姿しかイメージできない！」などと前向きな言葉をかけてくれたのがうれしく、がんばることができました。

音大へ進んだ同級生といっしょに

こんな人に総合学科高校を勧めたい

　総合学科ならではの授業のお話をすると、２年生のとき
の「総合的な探究の時間」では、いろいろな先生が用意す
る発表テーマから好きなものを選んで発表します。私は日
本の文化を英語で発表しました。「芸術文化」系列だけで
なく、ほかの系列のみんなといっしょに調査から発表まで
をする形でしたね。体育などの必修科目はありますが、そ
れらを除けば、自分の進路に必要な音楽の科目を中心に履
修していました。進路に特化して選択できるのは、総合学
科のいいところだと思います。

　私はたまたま幼稚園のときからピアノを習っていて、中
学生から音楽に携わる仕事に就きたいと思っていました。
そして、気持ちがぶれることなく、大学に進学することが
できました。

　今将来を考えている中学生の人たちのなかには進みたい
方向性が決まっていなくて、自分が文系・理系のどちらに
向いているかわからない人もいるかもしれません。私はこ
れまでの道のりの中で、やりたいことを見つけるには受け
身ではいけないなと感じてきました。将来の目標がわから
なくても、自分から積極的に動いて何かを見つけたいと思
える人には、さまざまな選択肢がある総合学科高校が向い
ているのではないかと思います。

自分で考え、行動する力が身についた高校生活

吉田真奈撮影（以下同）

東京都立つばさ総合高等学校スポーツ・健康系列卒業　スポーツメディカル整骨院

安達愛美さん

つばさ総合高等学校の1期生。在学中のけがをきっかけにスポーツトレーナーを志望。現在は整骨院経営のほか、地域の中学校、高校のトレーニング指導も行います。

スポーツ系か工芸高校への進学かで悩んだ高校受験

　高校進学を考えるさいに、小さいころからやっていた水泳の強豪校に行こうか、好きな絵やデザインを工芸高校で学ぶ道もあるなと、思い悩んでいました。

　ちょうど中学3年生に進級した春、学校で新設校のチラシをもらいました。その学校が、つばさ総合高等学校です。つばさ総合高等学校は普通科と違い、「科学・技術」「国際・コミュニケーション」「スポーツ・健康」「生活・福

祉」「美術・デザイン」という五つの専門的な系列に授業内容が分かれていて、「スポーツ・健康」系列に入学しても、時間割がうまく組めれば「美術・デザイン」系列の授業も選択できました。

　私のやりたいことが叶えられる高校だと思い、すぐに受験することを決めました。

意見をぶつけ合いながら学校をつくっていく「1期生」

　高校で、楽しみにしていたのは部活動でした。1期生だったので、自分たちで仲間を集めて部をつくることから始めました。入学してすぐに水泳部を立ち上げようとしたら、「部活ができるのは、学校登録などの手続きがあるから、2年生からだよ」とのこと。私のほかにもたくさんの生徒たちからの「部活動がしたい」という声があったようで、先生方が予定よりも早く手続きを進めてくださり、無事に1年生から水泳部を立ち上げることができました。

　1期生だったため、部活動と同じように、授業も生徒会も行事も、先生と生徒がいっしょになって、話し合いをしながら進めていきました。基本的に先生方は、「まず、自分たちで考えてみなさい」と、生徒の意見を尊重してくれたのです。運動会も、種目から生徒間で話し合って決めました。あらかじめ決められた種目をするほうが先生方もラ

121

クだったのではないかと思います。大人になって考えてみると、生徒の主体性を大事にしてくれたことで、自分で考えて行動することが身についたことに、とても感謝しています。

自身のけがをきっかけに、スポーツトレーナーをめざす

念願だった水泳部ができ、「がんばろう！」と思っていた矢先のことです。水泳の練習中に、靱帯を損傷するけがをしてしまいました。靱帯は、足の関節を支えるゴムのような組織です。歩くだけでも足が痛く、水泳も体育の授業にも参加できなくなってしまったのです。母と一年で７カ所の医療機関を回ったのではないでしょうか。手術できる病院にたどりついたのは、２年生になったころでした。

当時はリハビリも現在のように確立しておらず、術後も手術したところが曲がらず、痛いという状態が続きました。スポーツがしたくてスポーツ系列のある高校に入り、水泳部の立ち上げまでがんばっていたのに……。この練習できない苦しい状態のときに、一人の体育の先生が、「足が痛いならテーピングをしてあげよう」と声をかけてくれました。

　テーピングは、けがをしたときに、専用のテープで関節などを補強する方法です。私のようにけがをした人がテーピングをすると、ぐらぐらする関節が固定され、痛みが軽減できます。先生に実際にテーピングをしてもらうまでは半信半疑でしたが、やってもらって驚きました。一歩歩くだけでも痛かった足が、全然痛くありません。

　この体育の先生との出会いで、スポーツにかかわる仕事には、スポーツ選手やスポーツを教えるインストラクターだけではなく、けがの予防やリハビリ、けがをしないトレーニングの方法を指導して、選手が最高の状態で競技ができるようにするスポーツトレーナーという仕事があるのだと知りました。この経験から、将来はスポーツトレーナーになることに決め、専門学校に進学することにしました。

整骨院を開院するまで

　「スポーツトレーナー」になるには国家資格はいりません。専門学校などで知識を学べばなることができます。私も2年間専門学校で勉強して、健康関連の企業に就職しました。現場で働くうちに、もっと知識を深め、将来整骨院を開くのに必要な柔道整復師の国家資格を取りたいと考えるようになりました。柔道整復師は、手術をしないで、骨折など

のけがに施術や固定を施し、人間の自然治癒力を活かして治す仕事です。

　柔道整復師になると決めてからは、トレーナーとして働きながら、柔道整復師の学校の学費を貯めるためにアルバイトをするようになりました。入学してからは、毎日朝の5時に起き、6時半から夕方の16時までアルバイトをし、18時から学校に行き、帰宅するのは22時半という生活を3年間過ごしたことになります。

　卒業後は、無事に柔道整復師の資格を取り、整骨院に7年間勤めたあとの2021年、ついにスポーツトレーナーと柔道整復師の知識と技術を融合させた「スポーツメディカル整骨院」を開院することができました。

　整骨院はたくさんありますが、けがを治すだけでなく、スポーツへの復帰をめざす整骨院はあまりないと思います。たとえばバスケだったら、試合日から逆算して、試合出場までのリハビリ計画を立てるところはなかなかありません。高校時代のけがの経験や、その後に勉強した知識を活かし、けがの予防やリハビリ、痛みを抱えながらスポーツをしている人に来てもらえる整骨院をめざしています。

　現在、私はつばさ総合高等学校の水泳部に外部指導員として通っています。現役生には、トレーナーとして指導をしたり、柔道整復師としてけが人を見たりというかかわりもありますが、「ほかの先輩が来たら挨拶しようね」などという先輩としてのかかわりも多いでしょうか。高校時代はけがのため、ほとんど部活動ができませんでしたが、大好きな水泳部とのつながりを楽しんでいます。

いろいろな経験ができる総合学科

　総合学科では、入学してから興味のある授業を選ぶことができます。高校受験の段階で、将来やりたいことが明確ではない人に合っている学校ではないでしょうか。私も、入学当初はスポーツ系と美術系とで、迷いがありましたが、1年生のときに工芸と美術が必修授業だったおかげで、美術系の経験をすることもできました。やりたいことがあっても迷っている人には、向いていると思います。

　また、選択授業の数が豊富で、専門講師がたくさんいるのが総合学科の特色です。専門の先生の視点から将来を考えるアドバイスをもらえたり、授業の選択肢が広いのも総合学科の魅力です。選択科目は後輩と同じ授業になることもあるので、部活とは違った後輩とつながりあえるのも総合学科のおもしろさのひとつでしょう。

　高校で主体的に考え、行動することを学んだ1期生は、私が整骨院を選んだように、海外医療ボランティアに参加したり、動画の制作会社をつくったりと、さまざまな分野で個性を活かした仕事をしています。

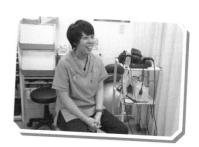

夢に向かって、前進できるのが 総合学科高校

国際学院高等学校総合学科調理師専攻（現食物調理コース）卒業　restaurant Blanc

大谷陽平さん

フランス料理人の道を歩んだ大谷さんは、26歳で料理修業のため渡仏します。帰国後にフランス料理店を開店。シェフ、経営者として日々奮闘中です。

お客さまの目の前で料理するコックさんに憧れて

　料理人になろうと思ったのは、中学2年生のときです。家族旅行で行ったホテルの朝食がビュッフェ形式で、お客さまの目の前でコックさんがオムレツをつくってくれた姿がかっこよくて、僕も将来はそうやって料理ができたらいいなと思ったからです。

　そこから、自分で高校を探しました。当時住んでいた地域では、調理を学べる高校が公立と私立でひとつずつしか

ありませんでした。私立は学費が高いけれど、生徒に手厚く接してくれるのではないか、設備も整っているし、家から通いやすいほうがいい、という両親の勧めで、国際学院高等学校の調理師専攻を受験することにしました。

学食で提供する食事も生徒が調理

入学すると、高校1年生の後期から、調理の勉強が始まりました。もちろん、国語や数学など基本的な授業はあったのですが、ほとんどが栄養学など調理特有の授業で、週に一度調理実習がありました。調理実習ではプロの料理人が先生なので、実践的でとても勉強になりました。また、特別授業として、有名なシェフのフランス料理講習会などもあって、調理実習がいちばん楽しかったですね。それに引き換え、栄養学は、暗記しなくてはいけないことが多く、

編集部撮影

大変でした。

　当時は授業の一環として、学食で提供している料理を実際の厨房で調理できる体験ができました。学年縦割りのチーム編成で役割分担し、実際の現場の雰囲気を学べるので、とてもよい経験になります。一生懸命つくった料理を食べてもらい、その人たちの笑顔を見ることができると疲れも一気に吹き飛びます。

　文化祭でも、やはり調理師専攻の1〜3年生がチームを組んで、10店くらいのお店を出しました。先生がメニューやレシピを考えて、生徒が作ります。下級生のときは上級生が作業を教えてくれて、上級生になると下級生に教えるので、教え方なども学べます。お店の疑似体験もできるので、とてもいい経験でした。

　大変だけれど楽しい調理実習の時間を共有した人たちとは、卒業した今でも仲よくしています。

編集部撮影

調理研究同好会をつくる

　僕は4期生で、当時はまだ調理系の部活動がありませんでした。ある日、僕は、先生に調理研究のクラブをつくりたいと相談をもちかけました。すると、「同好会だったら、すぐに立ち上げられるから、やってみる？」と、先生が背

中を押してくれました。

　放課後になると同好会のメンバーと集まって、自分たちがつくりたいメニューを考案して、研究に没頭しました。

　国際学院高等学校は、このように同好会などの課外活動でも、生徒の「やりたい」をとても尊重してくれる学校でしたね。

先生の勧めで大学進学

　高校では調理師の免許も取得したので、卒業後は就職をして、早く料理人になりたいと思っていました。しかし、先生に進路の相談をすると、「もし、親が学費を出してくれるなら、大学に行くのも、ひとつの方法。18歳で現場に入っても、毎日朝から晩まで働いて怒られていたら、必ず辞めたくなる。いろいろな経験をしたほうがいい」と言われました。そこで、悩んだあげく、系列の短期大学健康栄養学科に入って、栄養士の資格を取ることにしたのです。

　栄養士の資格を取るには、体の器官の構造や役割を勉強する解剖生理学なども履修しなければいけません。医師の国家試験と同じ科目なので大変でしたが、より深く食と向き合うことができました。

　今になって思うと、先生の言った通り、僕の場合は18歳で就職したら、余裕がなくて料理人を辞めていたかもしれ

ません。身近な大人として、親身に相談に乗ってもらった
ことは、当時の僕にとって、とても大事なことでした。今
でも高校の先生方と、食事に行くなど、プライベートな交
流を続けています。

本場フランスでの修業

　短大卒業後は、国内のいくつかのお店で経験を積み、フ
ランス料理のシェフになりました。しかし、一度は本場で
料理を学びたいと思い、26歳のときに2年、渡仏したの
です。最初はカンヌで個人の家に住み込みの料理人として
働き、その後パリで人気のビストロに就職しました。

　日本で料理人として就職するとき、給料とか、休みがど
のくらいあるかなどを基準とする人が多いように思います。
しかし、フランスでは、どれだけ技術を学べるか、どれだ
け料理長がすごい人なのか、どれだけ人気のお店なのかが
仕事を選ぶ基準になります。日本では、料理人の社会的地
位は、あまり高くありません。しかし、フランスでは、お
医者さんのつぎ、政治家より上という感じです。すごく尊
敬される職業です。調理の学校が国立ということからも、
食や食にかかわる人が大事にされていることがわかります。

　料理人としての自負と誇りをもって生きる──。このフ

ランスでの経験を経て、ずっと料理人を続けて行こうと気
持ちを新たにし、自分のお店をもちたいと願うようになっ
ていきました。

　現在は、地元である埼玉県の大宮で「restaurant Blanc
（レストラン　ブラン）」という、完全予約制のフランス料
理とワインの店を経営しています。地元の野菜や器、内装
にもこだわった店で、忙しいながらも充実した日々を過ご
せています。

総合学科高校進学を考える人へ

　専門職に就きたいなど、進路をある程度決めている人に
は、普通科高校よりも総合学科高校のほうが、意味のある
３年間になるのではないでしょうか。就職するにしろ、大
学に行くにしろ、総合学科高校はつぎの進路を考える足が
かりになります。僕も料理人になりたいとは思っていまし
たが、はじめはイタリア料理を専門にしたいと考えていま
した。でも、勉強をするうちにフランス料理に目覚め、ま
た、高校の先生に勧められて大学に進学したことで今があ
ります。

　やりたいことがある人は、総合学科高校で学ぶことで、
夢に一歩でも二歩でも近づくことができるのではないでし
ょうか。

5.章

総合学科高校を
めざす！

自分の地域の総合学科をさがそう

ちょっと気になる、から行動へ！

地域の総合学科の選択科目を調べてみよう

　総合学科高校に興味が湧いてきたら、通学可能な地域にどのような系列の総合学科があり、その系列では、どんな科目が選択できるかなどを知ることが大事です。

　中学校で担任の先生と相談したり、自分で調べたりしてみましょう。総合学科の数が少ない地域、反対に増えている地域があります。系列が前年とは変わる総合学科もあるので、それぞれの高校のホームページを開いてみて、最新の情報を入手することも大切です。

　また、受験してみたい総合学科が見つかったら、個別相談や、学校訪問にも積極的に参加してみましょう。中学校の３年間のうち、３年生で見学に行ってもいいのですが、ちょっと気になっているなら１〜２年生のうちから行動してみるのもまったく問題ありません。

　中学に比べて、高校のほうが家から遠くなることは、よくあることです。いちばん近い駅はどこ？　電車で通うの

か、徒歩で行けるのか、または自転車通学になるのか。通学路の雰囲気も自分が通学するときの気持ちになって見てみましょう。

　また、今通っている中学校の先生は、総合学科という新しい学科についてまだたくさんの情報をもっていないかもしれません。みなさんの親御さんもよく知らない学科かもしれません。なぜなら、親御さんや先生が高校生だったころには、誕生していなかった学科なのですから。

　めざす総合学科高校に自分で足を運んでみれば、よりくわしい授業内容がわかりますし、学校の雰囲気や、自分が入りたいと思った系列の設備が充実しているかどうかも見極めることができます。

　そして、総合学科は、地域の人たちとの連携によって支えられています。自分の住んでいる地域の総合学科高校を調べてみると、その地域ならではの特徴もふまえた授業があります。たとえば、農業や畜産が盛んなところには、そういうことを学べる系列もあります。どんなことが学べるのかまで聞いてみるといいのではないでしょうか。

　むしろ、高校のいい先輩や先生、カリキュラムに出会うことで、「この学校に入りたい！」という受験へのモチベーションになるかもしれません。

　また、自分で調べて高校に行ってみるという積極性こそが、主体的に学ぶというコンセプトの総合学科に向いている資質でもあるのです。

どんな人 が
向いている？

苦手科目や悩みがあってもだいじょうぶ

得意分野はあるけれど進路は考え中の人

　総合学科高校は、1年生では必修科目を学びながら、自分の将来について考えていき、2年生、3年生では、たくさんの授業のなかから、自分のやりたい科目を選び、学んでいくことができます。

　そのため、文系、理数系、芸術系、またはそのほかの専門的な分野など、得意なことを中学校で見つけたけれど、具体的に何をすればいいかわからない……。そんな人には、じっくりと自分のやりたいことを選んで学び、理解を深めることができる総合学科は向いているといえるでしょう。

　また、選択科目を選ぶなかでも、それぞれの系列の必修単位こそありますが、その履修ルールさえ守れば、自分の系列以外の分野の授業を取ることができます。たとえば、保育関係の仕事に就くことを考えている人が、美術系、工芸系の授業を取る。その二つは一見保育と関係のない授業にも思えるかもしれませんが、保育の中で製作物の知識や

絵を指導したりする技術は、子どもたちとふれあう上で活かせますし、プラスのスキルとなっていくでしょう。このように自分の専門性を高めつつ、得意な分野を活かすことができ、ほかの系列科目も学ぶことができるのは、大きな利点です。

　さらに、総合学科高校は、推薦入試で入学する生徒も多い学校です。たとえば、「スポーツ・健康」系列のある総合学科高校にはスポーツ推薦で、「美術・デザイン」系列にも絵などで推薦入学ができる場合もあります。

　何か得意な分野がある人は、最寄りの総合学科高校で何が学べるか、入試制度なども含めてよく調べてみるのがよいでしょう。

将来の選択肢を探したい人

　反対に、まだ将来やりたいことが決まっていないけれど、それを学生生活の中で探していきたい……そんな意欲をもっている人も、たくさんの選択肢がある総合学科について、一度考えてみてもいいかもしれません。進学コースなどは、大学や専門学校へ進む上で、3年間じっくりと自分と向き合い、進む方向性を見つけたい人に向いているでしょう。

　総合学科高校には、自分自身でやりたいことを探し、それを調べ、発表していく「産業社会と人間」という必修科目があり、「総合的な探究の時間」といった科目があるからです。これらは、じっくりと時間をかけ、自分の将来設計を考えていく授業です。

たくさんの授業のなかから好きな科目を選べるということ
とは、自分の個性を伸ばせず、広く浅い知識だけになって
しまう危険もあります。そうならないために、総合学科で
は、キャリアについて学ぶ機会を設け、生徒それぞれの専
門性を高めることに取り組んでいるのです。

　興味をもった職業などについて調べ、その分野の知識を
広げていくことで、それが自分のキャリアでめざすべき目
標になることもあります。また、将来の目標がすでにある
人の場合でも、その業界についての見識が広がることで、
また新たな選択肢が浮かぶこともあるかもしれません。

　総合学科の場合、ただ「大学に受かるため」の選択を勧
めることは少ないです。「将来自分は何になりたいか、そ
の将来の目標に到達するにはどんな進路を選べばよいか」
ということに重点を置いています。

　昔のキャリア教育は、職業への理解を深めていくことが
中心でしたが、総合学科では、社会での役割を果たしてい
く中で、自分らしさを出すためには何をすればいいか？
という考え方をしています。社会でどういう役割を果たす
のか。そのために、将来どういうふうに自分は活躍したい
のか。それを考えた上で、自分にとって必要な大学などの
進路を選択していくことになります。多彩な選択肢のなか
から興味のある科目を選んでいくことで、自分だけの進路
を見つけやすいのが、総合学科高校です。

小中学校の探究学習や総合的な学習が好きな人

　将来やりたいことや、興味関心をもっていることをテーマにして授業で発表をする体験は、授業で研究と発表を行っていく大学のスタイルに近いものです。小論文の添削なども行われるため、総合学科での経験があると、大学進学後は、研究発表や論文の執筆などが、あまり苦にはならないかもしれません。

　もちろん、中学校でも同じように授業で経験して、入学当初から人前で発表したり、小論文などを書くことが苦にならない人もいるでしょう。また、はじめは不得意と感じても、授業の中で経験を重ねているうちに、得意分野に変わっていったり、好きな分野だからできるという人もいるでしょう。

　また、「食物調理」コースのように、自分が選択した系列や授業で学んだ知識を文化祭などの行事に活かすことができることもあるため、より自分が学んでいることと、学校生活が結びつきやすくなり、将来への夢へとつながるかもしれません。

　授業で自分から発信していく力や、ほかの人と相談して自分なりの意見を考えていくにはコミュニケーション力が必要です。今、自分にその力が足りないと思っている人でも、積極的に培っていきたいという思いがあれば、さまざまなコミュニケーションの方法が用意されている総合学科で、その力を養っていけるでしょう。

おわりに

　四半世紀も前からあったのに、意外と知られていないのが総合学科高校です。本書を手に取って、はじめて総合学科という学科を知ったという人もいるのではないでしょうか。それは、保護者の方々や先生方の世代にはまだなかった学校だったこともひとつの理由かもしれません。しかし今や、生徒一人ひとりの個性を尊重し、得意なことや興味関心に寄り添い、育んでいくという総合学科に、時代が追いついてきたという気がしてなりません。

　総合学科高校は、公立を中心に全国で400近くの学校があります。学校によって、さまざまな形があるので、興味のある人は、ぜひ、自分の地域の総合学科高校について調べ、実際に見学に行ってみてください。一人ひとりの生徒に個性があるように、それぞれの学校がとても個性的です。

　本書の取材を通して、総合学科高校の先生方の教育にかける情熱が並々ならぬものであると感じました。生徒一人ひとりの進路相談を親身に聞いてアドバイスする様子、小論文をていねいに添削・指導する姿、単に「仕事」と考えていてはできないことではないでしょうか。その証拠に、生徒さんたちから、先生方への感謝の言葉を何度もうかがいました。先生方の情熱に応える生徒のみなさんの、学業に部活動にと、思い切り高校生活を楽しんでいる様子も、目を見張るものがあります。生徒の個性を尊重して、その人の考え方や主体性を大切にすることで、それ

ぞれの生徒さんが自己肯定感をもち、自分の夢に向かって全力投球する姿は、とてもすてきです。高校での学びを糧にさまざまな分野で活躍している卒業生のみなさんからも、「高校のときに、あの先生との出会いがあったから、今がある。今でも会っている」というお話を何度もうかがいました。それだけ、先生としてだけでなく、「身近な大人」として、親身になってくださっているのだなあと感銘を受けました。卒業生のみなさんは、ただ社会で活躍しているだけでなく、それぞれが卒業後も、自分で考え、自分で道を切り開き、夢を実現させています。総合学科高校は、かけがえのない場であると感じました。

　また、今回の本をつくるに当たって、お忙しいにもかかわらず、快く取材に協力してくださった各学校の先生、卒業生、生徒のみなさんには、この場をお借りして、感謝申し上げます。特に、東京都立つばさ総合高等学校の校長先生には、総合学科の教育に対するさまざまな示唆をいただきました。

　また、ぺりかん社のみなさんと担当編集者さんには、企画から取材、制作までたいへんお世話になりました。ときには心が折れそうになっている執筆陣をはげまし、的確なアドバイスをいただきました。加えて、すてきなイラストとデザインを仕上げてくださったデザイン事務所のみなさん、校正者さん、そして印刷製本所や紙の専門商社のみなさんなど、この本にかかわってくださったすべての方に、御礼を申し上げます。ありがとうございました。

［著者紹介］

●**小杉眞紀**（こすぎ まき）

成城大学文芸学部卒業。大学卒業後、編集アシスタントを経てフリーランスに。主に、教育
関係の雑誌や書籍の企画・編集およびライターとして活躍中。共著書に『アニメ業界で働
く』『ゲーム業界で働く』（ぺりかん社）ほかがある。

●**山田幸彦**（やまだ ゆきひこ）

和光大学表現学部卒業。大学在学中から、ライターとして活動を始める。現在は、雑誌に
ゲームをはじめ、特撮、アニメなどの取材記事を執筆している。共著書に『アニメ業界で働
く』『ゲーム業界で働く』（ぺりかん社）ほかがある。

●**吉田真奈**（よしだ まな）

成城大学社会イノベーション学部卒業。電子書籍の取次会社を経て編集プロダクションに勤
務。現在はフリーランスのライター・編集者として活躍中。共著書に『アニメ業界で働く』
『アプリケーションエンジニアになるには』（ぺりかん社）がある。

なるにはBOOKS　高校調べ

総合学科高校 ———中学生のキミと学校調べ

2023年4月25日　初版第1刷発行

著　者　小杉眞紀　山田幸彦　吉田真奈
発行者　廣嶋武人
発行所　株式会社ぺりかん社
　　　　〒113-0033　東京都文京区本郷1-28-36
　　　　TEL　03-3814-8515（営業）
　　　　　　　03-3814-8732（編集）
　　　　http://www.perikansha.co.jp/
印刷・製本所　株式会社太平印刷社

「なるにはBOOKS」は株式会社ぺりかん社の登録商標です。

＊「なるにはBOOKS」シリーズは重版の際、最新の情報をもとに、データを更新しています。

※ 一部品切・改訂中です。 2023.04.